1 Küchenzwiebeln sind nicht nur wertvolle Nahrungsmittel für Menschen, ihre Blüten spenden Hummeln, Bienen und Schmetterlingen Nektar, wie diesem Tagpfauenauge.

Der Profi-Heimwerker

Peter Himmelhuber

Nisthilfen für Tiere im Garten

Ideen und Bauanleitungen

Biologische Beratung
Wolfgang Grosser

Callwey

Inhalt

6	**Einführung**	24	**Den Vögeln ein Zuhause**
7	Biologisch-ökologische Aspekte	30	Meisenkasten
7	Der Garten im Wandel der Zeit	36	Weitere Nistkästen
8	Der Garten als Rückzugsraum	37	Holz
10	Lebensräume im Garten	39	Ton
12	Heimisches für Heimische	43	Kunststoff
14	Nützlinge in den Garten holen	43	Holzbeton
14	Was sind Nützlinge?	45	Greifvogelhorste
15	Unverzichtbare Lebewesen	46	Was man beachten sollte
15	Riesige Riege	46	Bewegliche Klappen
16	Natürliche Nisthilfen	46	Montage
16	Geeignete Gebiete für gerngesehene Gartengäste	49	Vogelhaus für drinnen und draußen
19	Ansiedlung fördern	49	Nur Züchtungen für Käfighaltung
21	Was man beachten sollte	49	Wohnraumverbesserung
22	Futter für freie Flieger	50	Bauanleitung
		60	**Nachtaktive Nützlinge**
		61	Fledermäuse
		62	Fledermauskasten
		65	Igel
		68	**Insektennisthöhlen**
		70	Nisthölzchen und Niststeine
		75	Hummelkasten

76	**Steingarten**
80	Planung und Gestaltung
86	Pflege
89	Pflanzen für den Steingarten

90	**Feuchtbiotop für Tiere**
91	Folienteich
92	Beste Lage
95	Je größer, um so besser
96	Planung
97	Materialkauf
99	Bauanleitung
102	Sicherheit und Teichtechnik
103	Tiere am und im Teich

106	**Kompost– Futter für Bodenlebewesen**
107	Die vier »W's« des Kompostierens
107	Was kompostieren?
108	Wie kompostieren?
108	Wo kompostieren?
110	Wohin mit der Erde?
110	Kompostsilos
112	Drahtkomposter
114	Beschleuniger und andere Mittel
114	Fertigprodukte
116	Dreikammernkomposter

118	**Anhang**
118	Vogelnist-/Vogelschutzgehölze
122	Bienennährgehölze
126	Hilfreiche Adressen
126	Literaturhinweise
127	Bildnachweis/Impressum

Einführung

5   Eine Wasserstelle erleichtert das Leben, zumal sie weite Flugstrecken erspart.

Biologisch-ökologische Aspekte

Der Garten im Wandel der Zeit

Die Gärten und unser direktes Wohnumfeld haben sich wie so vieles in den vergangenen Jahren und Jahrzehnten rasch gewandelt. Das Ökonomieprinzip Anfang des zwanzigsten Jahrhunderts bevorzugte die praktische Nutzung der Gartenfläche als Anbaufläche. Rasen und Zierbereiche waren Luxus. Doch gab es noch genügend Raum in der Landschaft für eine große Artenvielfalt. Auch Randstreifen, Schotterwege und unversiegelte Flächen in den Dörfern und Städten boten, verzahnt mit Hecken, Feldgehölzen und Uferstreifen, Lebensraum.

Die Mitte des Jahrhunderts war viel mehr geprägt vom Prinzip der Mode. Gekauft wurde, was gefällt. Auch die Gärten wandelten ihr Erscheinungsbild und beherbergten bald Pflanzen aus aller Welt. Weg vom praktischen Nutzen und den Erfahrungen der Vorfahren, hin zur pflegeleichten, auffälligen Eingrünung. Was alt war, wurde erneuert, und vieles durch vermeintlich Nützliches ersetzt. Die wachsenden Erfahrungen mit schnelllebigen und vergänglichen Produkten hatten eine Rückbesinnung zur Folge. Was früher wirksam war, kann doch heute nicht verkehrt sein. Dieser Gedanke ist allerdings differenziert zu betrachten. Der Einsatz von Streupuder aus 100 Prozent Lindan, wie er in den 60er Jahren noch üblich war und in der damaligen Werbung als »Wirkt gegen Alles« angepriesen wurde, ist heute undenkbar. Hingegen Lebensraum für Nützlinge zu schaffen und damit die Stabilität der Artengemeinschaft zu erhöhen, ist sicherlich eine weise und alte Erkenntnis. Viele der heutigen Gärten sind geprägt vom Ökologieprinzip. Vernetztes Denken, biologisch Denken und Handeln ist die Devise, nicht nur im Umgang mit der Natur, sondern auch in der Gestaltung unseres Wohnumfeldes.

6   Der vitale Knöterich dient vielfach als Brutstätte für Vögel; leider wächst er auch unters Dach! Deshalb sind Pergolen besser zur Begrünung geeignet.

Der Garten als Rückzugsraum

Viele Veränderungen sind nicht ohne Auswirkungen auf die Natur und den Menschen geschehen. Einer Wirkung des Menschen auf die Natur folgte die unvermeidliche Gegenwirkung der Natur auf den Menschen. Artenrückgang, Schädlingsproblematik in Monokulturen und Schadstoffe in der Umwelt bedrohen die Gesundheit und schmälern die Lebensqualität. Der Bereich, in dem positives Denken und Handeln am einfachsten möglich ist, liegt sozusagen vor der Haustür, der eigene Garten. Nützlingen wie Igeln, Eidechsen, Wildbienen und Libellen hier Lebensraum zu bieten, schafft neue Entwicklungsräume für bedrohte Tierarten und steigert gleichzeitig die Qualität unserer Umwelt. Doch nicht die Wildnis der Naturlandschaft ist hier das Ziel, sondern der behutsame Umgang und die Toleranz gegenüber natürlichen Helfern im Garten. Betrachtet man allerdings die kahle Fläche eines Neubaugrundstücks, kann man sich schwerlich vorstellen, eine blühende und gedeihende Lebensgemeinschaft von Tieren und Pflanzen zu schaffen. Die Entwicklung bis dahin dauert eine Weile, ebenso benötigt es Zeit und Geduld, bis Tiere sich ansiedeln. Erst nach vielen Jahren wird das Ziel erreicht sein. Bestehende Gärten zu ergänzen und in Teilen umzugestalten, ist weniger aufwendig und bringt sicherlich raschen Erfolg. Der Grundgedanke dabei ist, anzubieten, was Nützlinge brauchen: Nisthilfen, Nistkästen, Nistplätze, Schlaf- und Ruheplätze, Nahrungsräume und Futterplätze.

7 Ein üppiger Garten hat nicht nur für seine Besitzer eine Menge zu bieten.

8 Mischkulturen schützen sich gegenseitig. Die dichten Bestände lassen keine unerwünschten Kräuter aufkommen und bieten Käfern, Spinnen und anderen Tierchen Unterschlupf. Natürlich bleiben auch Schädlinge nicht aus, aber Epidemien sind selten.

Biologisch-ökologische Aspekte

Lebensräume im Garten

Lebensräume unterscheiden sich grundsätzlich durch ihre Größe und ihren Reichtum an Strukturen. Je ausgedehnter die Fläche ist und je abwechslungsreicher die Gestaltung, desto stabiler ist die Lebensgemeinschaft. Auf die Größe des Gartens reduziert, schmälert sich nicht nur die Anzahl der Individuen, sondern auch die Empfindlichkeit der Gemeinschaft. Sprunghaft können einzelne Arten überhand nehmen. Fehlt der natürliche Feind, nehmen bei günstigem Klima Blattläuse und Schnecken in kürzester Zeit dramatisch zu und vernichten mühevoll Gepflanztes. Aber auch das Gegenteil ist möglich. Zu wenig Nahrungsangebot läßt viele Tiere abwandern. Der sonst standorttreue Igel wird sich kaum noch sehen lassen, wenn alle Schnecken vernichtet sind. Nützlinge reagieren allerdings oft sensibler auf Veränderungen, und die Gegenspieler gewinnen an Oberhand. Darum ist es wichtig, das Wohnumfeld für Nützlinge so attraktiv wie nur möglich zu gestalten. Im Garten ist der Herr der Dinge meist der Mensch selbst. Man spricht daher von Kulturbiozoenosen, also Lebensgemeinschaften, die durch den Einfluß des Menschen entstanden sind. Die Lebensstätten dieser Organismen können auf kleinstem Raum entstehen. So wird sich auf glattem Mauerputz kaum Leben finden. Rauhe Oberflächen bieten Schutz und Brutstätten für Insekten. Rasch werden sich hier Spinnen hinzugesellen, die ein Überhandnehmen verhindern. Beginnt über die Fassade eine Kletterpflanze zu ranken, birgt sie bald Schutz für Vögel, die Insekten und Brutstätten vorfinden. Eine Lebensstätte entsteht so für viele Arten, die sich gegenseitig im Bestand regulieren.

Gerade die kleinen und unbeachteten Bereiche im Garten und am Haus können dazu beitragen, abwechslungsreichere Strukturen zu schaffen. Vorsprünge, Winkel und Hohlräume laden zum Nisten ein, Grünstreifen, Säume und Hecken bieten Schutz und Nahrung, Rasen, Wasser und Wege schaffen überschaubare Jagdreviere. Je abwechslungsreicher unsere Gärten bewußt gestaltet werden, desto größer ist die Anzahl der Lebensräume und der verschiedenen Organismen, die darin leben.

9   Wo Disteln nicht stören, etwa in Wildstreifen, locken sie Schmetterlinge wie diese Zitronenfalter an.

10   Hier hat sich ein Admiral auf einem Schmetterlingsflieder niedergelassen. Leider sind diese wertvollen Sommerblüher nicht ganz winterhart. Sie verjüngen sich aber nach einem kräftigen Rückschnitt wieder aus der Basis.

11   Auch Spinnen brauchen ungestörte Plätze, an denen ihre Netze erhalten bleiben. Die kleinen Kunstwerke sind natürlich für andere Insekten tödliche Fallen.

Biologisch-ökologische Aspekte

Heimisches für Heimische

Bei der Gestaltung dieser Lebensräume ist die Auswahl der richtigen Materialien von großer Bedeutung. Stellen wir den Tieren Pflanzen als Nahrungsspender zur Verfügung, werden sie sich beständig ansiedeln. Weiden, Hasel, Felsenbirne, Roter Hartriegel, Vogelkirsche und Wildrosen stehen in der Hitliste ganz oben. Bereits im zeitigen Frühjahr sammeln Bienen den ersten Honig an Weiden und Hasel, Vögel bevorzugen im Winter bei schneebedeckter Erde besonders die Hagebutten der Wildrosen. Und nebenbei: aus den Früchten von Brombeeren, Holunder, Sanddorn und Maulbeere lassen sich vorzügliche und vitaminreiche Marmeladen kochen. Der Strauchschnitt der Obstgehölze läßt sich an einer abseitigen Stelle als Winterquartier für den Igel aufschichten.

12 Eine Wildobsthecke ist das ganze Jahr über attraktiv. Im Frühjahr entfaltet sie Blüten und im Sommer dichtes Blattwerk. Im Herbst bringt sie jede Menge Früchte hervor, die bis in den Winter hinein erhalten bleiben. Im Winter schützt das Geäst vor Feinden.

13 Es kreucht und fleucht im dichten Wuchs der Blumenwiese. Für den Menschen eine Augenweide, ist sie zugleich eine wertvolle Bienenweide.

14 Eine stabile Pergola kann einen kräftigen Schlinger vertragen; der wiederum nimmt Vögel zum Nestbau auf.

Gerade Obstbäume bieten vielen Tieren Lebensraum. Bei Obstwiesen spricht man sogar von einem eigenen Biotop. Geschützte Arten, wie Wendehals und Fledermaus, kennzeichnen alte Streuobstbestände. Im morschen Holz dieser Bäume nisten viele Höhlenbrüter. Ein kurzer Holzstamm, am Rande des Grundstückes auf den Boden gelegt, wird rasch besiedelt und liefert Nahrung für Insekten und Wirbeltiere. Aber nicht nur Holz ist als natürlicher Baustoff zu bevorzugen, auch Natursteine, Granit oder Kalk schaffen Platz zum Nisten und bieten Hohlräume und Verstecke. Mit dem Grundsatz, daß Tiere und Pflanzen der Region sich gegenseitig ergänzen, Materialien wie Holz und Stein der Natur entliehen sind, schaffen wir artenreiche Refugien, die dem Garten und der Natur Nutzen bringen.

Nützlinge in den Garten holen

Was sind Nützlinge?

Die Natur unterscheidet nicht zwischen Nützlingen und Schädlingen. Borkenkäfer beispielsweise, die ganze Waldstücke vernichten können, tragen lediglich zur Stabilisierung des ökologischen Gleichgewichts bei. Sie fallen vorwiegend über Monokulturen her und helfen mit, den Wald zu erneuern. In gesunden Mischbeständen haben sie keine Chance; jedenfalls halten sie sich in Grenzen. Die Einteilung zwischen Nützlingen und Schädlingen trifft der Mensch. Nützlich ist, was uns das Leben erleichtert oder verbessert. Schädlich ist, was Schwierigkeiten macht. So kann ein durchaus nützliches Tier wie etwa ein Huhn, ein Schaf oder eine Kuh äußerst schädlich wirken, wenn es in den Gemüsegarten eindringt. Oder - um näher an das Thema dieses Buches heranzukommen - eine unumstritten nützliche Biene kann sogar lebensbedrohlich werden, wenn sie, statt Blüten zu bestäuben oder Nektar zu sammeln, dem Menschen auf den Leib rückt.

15

Unverzichtbare Lebewesen

Niemand wird deshalb auf diese und andere wichtige Lebewesen verzichten wollen, was auch gar nicht möglich wäre.
Vielmehr wird jeder Garten- und Naturfreund die Ansiedlung fördern. Denn ohne Bienen beispielsweise gibt es keinen Honig und kein Obst. Ohne Singvögel, die ja auch gerne über Gartenfrüchte oder über frische Beete herfallen, nehmen Raupen und Insekten überhand. Und ohne Ohrwürmer, die auch Blüten und Früchte nicht verschmähen, breiten sich Blattläuse ungehindert aus. So haben sich im Garten solche Tiere als Nützlinge etabliert, die stärker dazu beitragen, die Pflanzen gesund und fruchtbar zu erhalten.

Riesige Riege

Nützliche Tiere sind überall im Garten zu finden, sozusagen zu Land, zu Wasser und in der Luft. So schieben sich zahllose Regenwürmer durch den Erdboden und verzehren dabei welke Wurzeln, Blätter und andere abgestorbene Pflanzenteile, um daraus wertvollen Dünger zu produzieren. Auf dem Boden kriechen und krabbeln Eidechsen und Igel. Sie fangen Schnecken weg.
In Wasserstellen vollbringen Wasserschnecken ihr Tagwerk, indem sie Algenrasen abgrasen. Über dem Wasser klappern Libellen die Luft nach Insekten ab. Von Bodennähe bis zu den Baumkronen fliegen Bienen, Hummeln und Schmetterlinge von Blüte zu Blüte. Sie sind wesentlich an der Bestäubung beteiligt. Marienkäfer und Ohrwürmer haben es weniger auf Blüten als vielmehr auf Blattläuse abgesehen. In luftiger Höhe tummeln sich Finken und Meisen. Auch sie sammeln Blattläuse und picken Maden aus den Rindenritzen.

15   Ein großes Bienenhaus bietet Raum für viele Bienenvölker. Die Bienen sind die wichtigsten Bestäuber unserer Obstgehölze. »Nebenbei« produzieren sie Honig.

16   Es lohnt sich, Bienen im Garten anzusiedeln und zwar auch Wildbienen. Sie bestäuben die Obstblüten und sind maßgeblich für eine reichliche Ernte erforderlich.

17   Die winzigen Einzelblütchen sind für den Bienenrüssel wie geschaffen.

Natürliche Nisthilfen

Geeignete Gebiete für gerngesehene Gartengäste

18 Blattläuse sind Marienkäfers Leibspeise.

19 Sommerblüher sind Bienenweiden.

Der beste Schutz und die günstigste Förderung für Nützlinge aller Arten sind ideale Lebensbedingungen. In einer »ausgeräumten« Landschaft oder einem monotonen Garten finden sich selten Tiere ein oder sie bleiben nur kurze Zeit. Die Pflanzung von Bäumen, Hecken, Stauden und die Aussaat von Sommerblumen sowie die Duldung von wilden Flächen mit Wiesenblumen und Wildkräutern bringen mehr als die Anschaffung von Kästen, Kisten und Höhlen. Eine üppige Vegetation im Garten mit Wildobst, Wiesen, Wasserstellen, Steingarten, Holzstapeln, Steinhaufen und dergleichen ist eine Einladung für Vögel, Kriechtiere, Igel und Insekten. Deshalb darf natürlich immer noch genügend Raum für Rasen und andere gepflegte Freiflächen bleiben.

Artenreiche Gärten sind ökologisch wertvoller als geschniegelte »Koniferen-Rasen-Gesellschaften«. Selbstverständlich dürfen deshalb auch solche Anlagen nicht verteufelt werden – immerhin gibt es in manchen Städten oder Kleingarten-Kolonien bereits Aufforderungen zur Beseitigung von Nadelbäumen! Das ist schade, denn auch Nadelbäume haben ihren Wert. Besonders im Winter geben sie vielen Kleinstlebewesen Schutz, was die Meisen beweisen, die sich dann besonders gerne im Dickicht der Nadelbäume aufhalten und die Zweige mit ihren Schnäbeln abklopfen. Offenbar gibt es hier etwas zu futtern. Sie unterscheiden übrigens nicht zwischen Schädlingen und Nützlingen, was auch unmöglich wäre.

20 Wespennester - Kunst am Bau.

21 Ohrwürmer verkriechen sich am Tag in solchen Verstecken.

22 »Siedlerbund« - Es ist unsicher, ob Nützlinge künstliche Nester annehmen. Versuche sind aber durchaus zu empfehlen. Solche Holzbündelchen sind u.a. für Wildbienen gedacht.

23 Erdhummeln nisten sich in Erdhöhlen oder in Hummelkästen ein. Ein solcher Kasten kann selbst aus Holz gebaut werden.

Ansiedlung fördern

Alte Bäume, und zwar Laub- und Nadelbäume, sind ein Segen für Insekten. In den Rindenritzen finden Marienkäfer, Schlupfwespen und viele andere Tierchen einen Unterschlupf. Sie sind schon deshalb erhaltenswert, auch wenn sie bereits vergreisen. Wo alte Bäume fehlen - etwa in jungen Gärten -, können Unterschlupfmöglichkeiten auch künstlich geschaffen werden. Jeder kennt die Nisthöhlen für Ohrwürmer. Die mit Holzwolle gefüllten Blumentöpfe werden gerne von diesen Blattlausfeinden angenommen. Natürlich werden Nisthilfen nicht nur von erhaltenswerten Tierchen aufgesucht, sondern auch von weniger willkommenen. Wespen bauen beispielsweise ihre kunstvollen Papiernester gerne in leerstehende Vogelnistkästen. Wenn das nicht direkt an der Terrasse geschieht, stört es niemanden. Immerhin sind auch Wespen nützlich, indem sie Blattläuse fangen. Auch Wespen gehören wie die verwandten Hornissen zu den Hautflüglern.

Die wertvollsten Hautflügler sind wohl die Bienen. Die Honigbienen werden ohnehin in eigenen Behausungen angesiedelt. Den Wildbienen, die genauso für die Bestäubung der Blüten wichtig sind, kommen Nisthilfen etwa aus Ziegeln oder Holzbündeln und dergleichen zugute. Sie laden zum Bebrüten ein. Für Hummeln gibt es Hummelhöhlen und zwar speziell für Erdhummeln, die sich im Boden ansiedeln. Die Ansiedlung ist jedoch nicht sicher, so daß es sich lohnt, gleich ein

Hummeljungvolk mitsamt dem Kasten zu kaufen, wenn sie etwa für die Bestäubung benötigt werden.

Neben Hummeln sind auch Florfliegen und andere Nützlinge zu bekommen. Wer sich auf die natürliche Ansiedlung verläßt, kann sie durch Steinhaufen, umgedrehte Blumentöpfe und andere Hohlkörper fördern. Allerdings ist darauf zu achten, daß keine Ameisen den Hummeln zuvorkommen. Natürlich läßt sich die Ansiedlung auch durch die Aussaat und Pflanzung von Blütengewächsen begünstigen. Vor allem sind Edeldisteln bevorzugte Nektarquellen. Arten wie etwa *Echinops* (Kugeldistel), *Eryngium* (Alpendistel) oder auch *Carlina* (Silberdistel) und *Dipsacus* (Wilde Karde) werden mit ziemlicher Sicherheit von Hummeln angeflogen.

24 Der Pupursonnenhut (*Echinacea purpurea*) ist nicht nur eine willkommene Augenweide, sondern auch eine wertvolle Bienenweide. Die Staude ist mehrjährig.

25 Wilde Karden haben sich als Insetennährpflanzen bewährt.

26 Nützling fängt Nützling; diese Spinne verschmäht auch Bienen nicht.

Eine besondere Anziehungskraft üben auch Mohngewächse und die *Echinacea* aus. Hummeln sind wie Wespen nur einjährig, im Herbst sterben sie. Nur die befruchteten Königinnen überwintern und gründen im nächsten Jahr neue Völker.

Besonders prächtige Flieger kommen oft von selbst in den Garten, wenn sie eine Wasserstelle vorfinden - Libellen fangen Stechmücken und andere Insekten weg. Wie schwierig es ist, Nützlinge und Schädlinge zu trennen, wird beim Lebenszyklus der Marienkäfer deutlich. Die beliebten Tierchen kommen nur in den Garten, wenn sie Blattläuse finden. Sobald sie diese Pflanzensauger vernichtet haben, suchen sie neue Futterquellen und verschwinden wieder.

Es ist also durchaus günstig, wenn auch eine überschaubare Menge an Schädlingen erhalten bleibt. Denn ohne Schädlinge gibt es auch keine Nützlinge. Nicht zuletzt sind viele Singvögel von dieser Nahrungsquelle abhängig und sie unterscheiden nicht zwischen Schädlingen und Nützlingen.

Was man beachten sollte

Mit einigen Grundkenntnissen ist die Ansiedlung und damit auch der Bau von Nisthöhlen und Nisthilfen aussichtsreich. So müssen etwa die Einschlupflöcher der Vogelnistkästen richtig bemessen sein und zwar so, daß die geförderten Flieger gerade durchpassen, aber andere unerwünschte Tiere draußen bleiben. Die Ausrichtung nach Osten hat den Vorteil, daß die Kästen innen nicht naß werden. Wichtig sind auch ausreichende Abstände, damit es nicht unnötig Revierkämpfe gibt. Keinesfalls dürfen giftige Holzschutzmittel zum Einsatz kommen. Besonders brütende Vögel brauchen naheliegende Tränken und zwar solche, die gut einsehbar und »katzenfrei« sind. Übrigens fallen Stare oft nur über die Kirschen und Weintrauben her, weil sie hier - mangels Wasserstellen - am einfachsten auftanken können. Sie lassen sich während der Reifezeit leicht mit Netzen abhalten. Die müssen aber richtig angelegt sein, damit sie nicht zur Falle werden.

Eine Igelhöhle gehört natürlich nicht neben eine Straße. Sie muß in einer abgeschiedenen Ecke angelegt werden. Hummeln brauchen Futterpflanzen. Ein Hummelbau paßt am besten neben eine Blumenwiese. Natürlich darf auch der Abstand zum Gemüsegarten nicht zu groß sein. Immerhin sollen die dicken Brummer keine langen Strecken zu den Tomaten und anderen Gemüsen fliegen müssen. Sonst dienen sie kaum zur Bestäubung.

27

Futter für freie Flieger

Neben den passenden Wohnungen sind geeignete Futterpflanzen nötig. Schmetterlinge suchen mit ihren langen Rüsseln bevorzugt röhrenförmige Blüten auf. Neben Sommerflieder (*Buddleia*) sind Rachenblütler wie Salbei, Lavendel und Minze gute Nektarquellen, zumal sie im Sommer blühen, wenn sonst wenig zu finden ist. Selbstverständlich sollte der »Tisch« während der ganzen Saison »gedeckt« sein. Das gilt für Insekten und Vögel gleichermaßen, damit sie sich nicht vorzeitig verabschieden. Bienenweiden und Insektennährpflanzen gibt es mit Haseln, Winterheide und Kornelkirsche schon im Spätwinter. An der Besenheide und Bartblume (*Caryopteris*) können sie sich noch im Herbst laben. Zwischenzeitlich steht der Flor der Frühjahrsblüher reichlich zur Verfügung und im Sommer bieten unter anderem Wiesenblumen und Blütenstauden Nahrung. Vorzügliche Bienenfutterpflanzen sind der gelbe Senf und die blaue *Phacelia*. Sie bieten sich auch sonst als ideale Gründüngerpflanzen für freie Flächen im Garten an.

Vögel können im Sommer ohnehin aus dem Vollen schöpfen. Spärlicher sieht der Winterspeiseplan aus. Hier lohnt es sich, mit heimischen Fruchtgehölzen wie Schlehen, Vogelbeerbäumen, Weißdorn und dergleichen für ein wenig Abwechslung zu sorgen.

27 Natürliche Futterquellen helfen den Vögeln oft mehr als künstlich geschaffene Futterstellen.

28 Hummeln brauchen Nektarspender. Ausgewählte Blütenpflanzen wie der Alant gehören in den Garten; andernfalls lohnt sich die Einrichtung von Behausungen kaum.

29 Blumenwiesen haben für viele Schmetterlinge, Bienen, Hummeln und Schwebfliegen etwas zu bieten.

Natürliche Nisthilfen

Den Vögeln ein Zuhause

30 Amseln sind nicht wählerisch. Dieses »Haushühnchen« hat sein Nest in einen Blumenkasten gebaut.

Viele Vogelarten haben sich an Menschen gewöhnt, weil sie in den Siedlungen vor Feinden sicher sind und reichlich Nahrung finden. Einige Arten brüten deshalb auch im Schutz der Häuser. Wir profitieren davon, denn die Vögel sind nicht nur gute Unterhalter, sondern auch wertvolle Schädlingsvernichter. Deshalb sollte ihre Ansiedlung unterstützt werden, indem sie Nisthilfen und Lebensräume bekommen.

Es ist unglaublich, daß es Menschen gibt, die zum Spaß auf Vögel schießen oder ihre Nester ausräumen. Sie wissen nicht, was sie anrichten, denn sie bereiten durch die Vernichtung dieser Nützlinge vielen Schädlingen den Weg. Schon seit langer Zeit werden deshalb auch Brutplätze für Störche, Stare oder Schwalben geschaffen, weil sie Mäuse, Schnecken und Insekten vertilgen. Selbst Spatzen sind nützlich. Sie füttern ihre Brut mit Blattläusen.

Tierfreunde akzeptieren, daß die Vögel manchmal auch Schäden verursachen. Viele sind aber auf Bau- und Kulturfehler zurückzuführen. So fallen Stare oft nur über die Kirschen her, weil kein Teich in der Nähe ist, an dem sie ihren Durst stillen könnten. Natürlich sind sie keine Kostverächter, doch die Ernte läßt sich leicht mit Netzen schützen.

Durch ein gezieltes Nistplatzangebot läßt sich die Ansiedlung bestimmter Vögel ein wenig steuern, denn die Vögel leben in festgelegten Revieren. In einem durchschnittlichen Hausgarten lebt in der Regel nur ein Amselpaar - selbstverständlich grenzüberschreitend. Jedenfalls achtet es darauf, daß sich in nächster Nähe keine Nahrungskonkurrenz ansiedelt. Aus diesem Grund nützt es nichts, beliebig viele Nistplätze für alle möglichen Arten anzubieten, da nur wenige Pärchen in Frieden nebeneinander leben.

31 An den Eiern ist die Vogelart zu erkennen; nach dem Legen dürfen die Vögel aber nicht mehr gestört werden!

32 Die Jungen brauchen eine Menge Futter; ein großzügiger Garten kommt den Eltern jetzt sehr zugute.

31

32

33 Futter für Finken: Samenstände von Wildstauden und Kräutern dienen vielen Vögeln als Nahrung. Sie sollten daher erhalten bleiben.

Die Menge an Kästen und Bruthöhlen ist unter anderem von der Größe des Gartens abhängig und sollte mit der Zeit austariert werden. Am besten beginnt man mit der Ansiedlung »einfacher« Arten, mit Nistkästen für Meisen, Stare oder Amseln. Amseln begnügen sich meistens schon mit einer dichten Hecke. Manchmal brüten diese »Hausvögel« sogar in einem Balkonkasten, das heißt, diese Vögel brauchen normalerweise keine Fürsorge.

Beim Kauf oder beim Bau eines Nistkastens ist es wichtig, die Größe und die Form zu beachten. Jede Vogelart bevorzugt einen anderen Typ, wobei Sperlinge am wenigsten wählerisch sind. Sie brüten manchmal sogar in die Dachrinne. Höhlenbrüter wie Meisen, Stare und Spechte bevorzugen geschlossene Kästen als Brutplätze. Für diese Arten hängen Sie am besten Holz- oder Holzbetonkästen mit einem angemessenen Schlupfloch auf. Andere, wie zum Beispiel Rotkehlchen, Gartenrotschwänze oder Grauschnäpper brüten lieber in Halbhöhlen. Sie brauchen halboffene Kästen. Amseln, Finken oder Gimpel bauen ihre Nester in dichte

Bäume und Sträucher. Ihnen kann man durch die Pflanzung dichter Hecken oder kleiner Kronenbäume wie den Kugelahorn helfen. Schwalben kleben Lehmnester unters Dach. Stützbrettchen, die an geeignete Wände gedübelt werden, nehmen sie gerne an. Wenn man bestimmte Vögel ansiedeln will, sind diese Unterschiede zu beachten. (Informationen geben gerne auch der Bund für Naturschutz oder der Vogelschutzbund weiter.)

Das Einschlupfloch eines Nistkastens muß auf die gewünschte Vogelart zugeschnitten sein. Dadurch läßt sich verhindern, daß Räuber in Singvögelkästen eindringen oder daß beispielsweise Spatzen den kleineren Meisen den Platz streitig machen. Bei Meisenhöhlen sollte das Einschlupfloch 32 Millimeter Durchmesser haben.

Jede Nisthilfe muß so angebracht werden, daß die Vögel ihre Brut ungestört aufziehen können. Dabei sollte das Einschlupfloch von der Wetterseite abgewandt sein und nach Osten oder Süden weisen. Außerdem muß der Nistplatz sicher vor Katzen sein. Der Zugang läßt sich mit einem dornenbewehrten Drahtring sichern. Andererseits sollte der

34 Dichtes, dorniges Geäst ist der beste Schutz vor wildernden Katzen oder Mardern. Die Vögel bauen ihre Nester gerne in Weißdorn-, Schlehdorn- oder Sanddornbüsche.

Allgemeines

Kasten aber sichtbar angebracht werden, wenn man die Tiere beobachten will. Viele Vogelarten tolerieren Zuschauer, wenn sie sich langsam daran gewöhnen können. Während der Brutzeit darf ihnen aber niemand zu nahe treten. Stare nisten ausschließlich auf hohen Plätzen. Sie siedeln sich nur an, wenn ihnen einen Nistplatz auf einer hohen Stange oder in einem Baumgipfel angeboten wird, damit sie die Umgebung überblicken können.

Außerdem bilden Stare gerne Gruppen. Wenn mehrere Kästen plaziert werden, siedeln sich etliche Pärchen an. Solche Siedlungen sind manchmal an alten Scheunen zu beobachten.

Tip

Imprägnieren Sie Nistkästen nicht mit giftigen Mitteln. Das Holz bleibt am besten naturbelassen. Nach der Brutzeit müssen die verlassenen Kästen gereinigt werden, damit sich keine Milben und andere Schädlinge ansiedeln können. Die Reinigung ist auch im Frühjahr nötig, da die Kästen im Winter oft als Schlafplätze aufgesucht werden.

35

35 Runde Nistkästen können aus Stammstücken gebastelt werden.

36 Stare brauchen einen Hochsitz.

Meisenkasten

Höhe: 23 bis 26 cm
Breite: 16 cm
Tiefe (Länge): 14 cm
Einschlupfloch: 32 mm

Es ist ein kleines Erlebnis zu beobachten, wie sich ein Meisenpärchen zusammenfindet und eine Familie gründet. Sie brauchen den Vögeln nur zur rechten Zeit einen Nistplatz anzubieten.

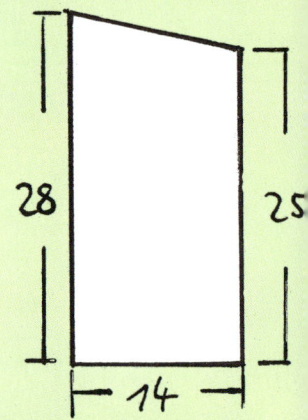

37

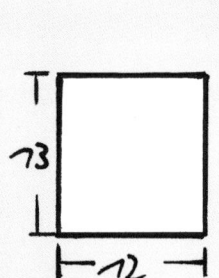 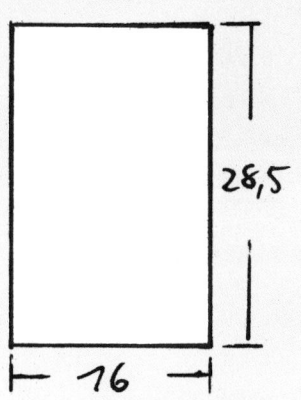 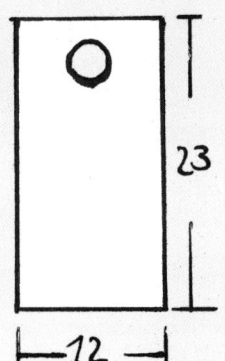 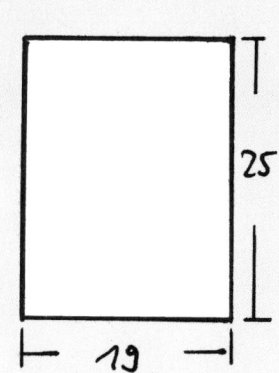

37 Ein günstiger Platz - hier an einer Pergola - ist in jedem Garten zu finden.

38 Diese Zeichnungen stellen eine andere Bauart eines Nistkastens dar. Die Maße (Einschlupfloch, Höhe, Breite, Tiefe) sind gleich.

Anders als bei dem im Foto abgebildeten Meisenkasten ist bei diesem Nistkasten nicht das Dach, sondern die Frontseite beweglich. Dazu werden zunächst die beiden Seitenwände an der Bodenplatte befestigt. Dann läßt sich die Rückwand montieren. Die Frontseite bleibt mittels zweier Nägel, die beiderseits eingeschlagen werden, beweglich. Das Dachbrett macht den Kasten schließlich dicht.

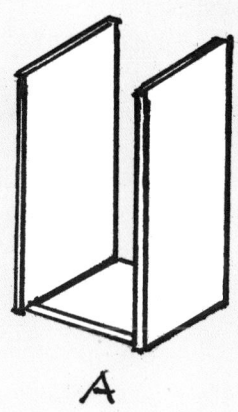

A

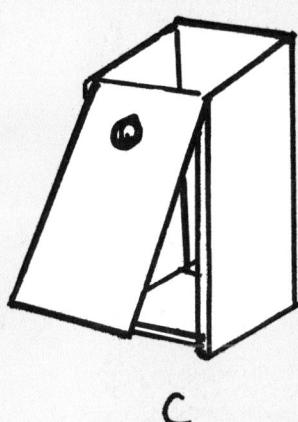

C

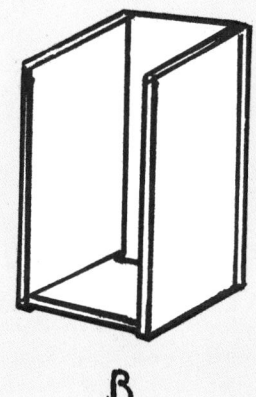

B

D

Meisenkasten

39   Zum Bau eines einfachen Nistkastens sind nur ein paar Bretter und gewöhnliche Werkzeuge nötig.

40   Zunächst werden die Maße auf das Holz übertragen.

41   Dann können die Bretter passend zugeschnitten werden.

42 Eine Lochsäge erleichtert das Ausschneiden des Schlupflochs.

43 Das Nachschleifen erleichtert den Zugang.

44 Schmale Brettchen lassen sich mit einer Leiste verbinden (ist bei breiten Brettern unnötig); verzinkte Nägel sind gut zum Zusammenbauen.

45 Scharniere machen den Deckel beweglich (wichtig zum Beispiel zum Reinigen nach der Brut).

46 Eine Bohrung in der Rückwand genügt zum Festschrauben.

47 Der Deckel wird zur Sicherung gegen Wind und Räuber mit einer Schraube fixiert.

48 Schon bald kommen interessierte Mieter, die nachsehen, ob das neue Haus paßt.

47

48

Meisenkasten

Weitere Nistkästen

49 Nisthilfen lassen sich aus verschiedenen Materialien bauen; ein idealer Baustoff ist nach wie vor Holz.

Holz

Im Handel sind neben den häufigen Holzbetonkästen, die es für alle möglichen Arten gibt, gelegentlich auch Holzkästen in verschiedenen Varianten zu bekommen. Manche Hersteller und Baumärkte bieten solche Kästen schon für DM 20,– an. Da lohnt sich der Eigenbau natürlich nicht, zumal die Serienprodukte gut genug und die Vögel wenig wählerisch hinsichtlich der Ausführung sind. Wichtig ist jeweils eine ausreichende Größe und ein passendes Schlupfloch - je nach Art. Dennoch sollen diese Vogelhäuschen von der Stange nicht von eigenen Anfertigungen abhalten. Schließlich macht das Basteln auch Freude - besonders, wenn die Eigenkonstruktionen von den gefiederten Gästen angenommen werden.

Holz ist nach wie vor der ideale Baustoff für Nistkästen. Das Naturmaterial kommt den Nisthöhlen in Bäumen am nächsten. Wenn die Vögel wählen können, bevorzugen sie oft sogar die künstlichen Quartiere vor den Baumhöhlen, zumal sie passend zugeschnitten und günstig plaziert sind. Holz kostet wenig, läßt sich recht leicht bearbeiten, erfordert keine besonderen Werkzeuge und keine ungewöhnlichen Kenntnisse und es ist dennoch stabil und haltbar. Vorzugsweise kommen unbehandelte Bretter zum Einsatz. Auch Tischlerplatten, wetterfestes Leimholz oder Spanplatten sind geeignet. Kästen aus solchen Materialien müssen jedoch außen vor Nässe geschützt werden. Das geschieht beispielsweise mit Dachpappe. Giftige Imprägniermittel kommen nicht zum Einsatz. Keinesfalls dürfen die Kästen innen mit Farbe ausgestrichen werden. Am besten wirkt sich ein konstruktiver Holzschutz auf die Haltbarkeit aus. So sollte insbesondere das Dach schräg aufgesetzt sein. Bewährt haben sich Satteldächer. Einfacher zu konstruieren sind

50 Starenpärchen suchen immer wieder denselben Nistkasten auf, sobald sie im April aus Afrika zurückkehren.

51 Die recht großen Eulen nehmen nur einen geräumigen Kasten mit ausreichendem Schlupfloch an. Natürlich müssen auch die Höhe und die Umgebung passen.

Weitere Nistkästen **37**

52 Im Apfelbaum hängt der Meisenkasten genau richtig; hier helfen die Vögel beim Pflanzenschutz mit.

53 Handgefertigte Holzkästen sind gelegentlich in Baumärkten oder Gartenmärkten zu bekommen; unbehandeltes Holz ist besser geeignet als imprägniertes!

Kästen mit Pultdächern. An geschützten Plätzen, etwa im Regenschatten eines Balkons, ist natürlich kein besonderer Wetterschutz nötig.

Von Natur aus schlüpfen Vögel in jede Kiste, die ein passendes Loch hat. Dennoch sollten die Nistkästen schon »mit Maß und Ziel« geformt sein. Außer dem zugeschnittenen Einschlupfloch sollte der Innenraum richtig angemessen sein. Große Singvögel wie etwa Stare brauchen mehr Platz als etwa Blaumeisen. Was der jeweiligen Art am besten paßt, zeigt sich, wenn sie die Wahl zwischen verschiedenen Nistkästen haben. Meisen etwa untersuchen jeden Kasten genau und quartieren sich erst ein, wenn sie den Innenraum und die Umgebung genau geprüft haben. Stare nehmen jedes Jahr denselben Kasten ein, nachdem sie das alte Nest vom Vorjahr ausgeräumt haben. Spatzen bebrüten gerne verlassene Nistkästen oder machen anderen Vögeln die Behausung streitig. Als wenig wählerisch haben sich auch Amseln gezeigt. Sie bauen ihr Nest sogar in Blumenkästen oder am Boden unter Hecken.

Ton

Der »gute Ton« gehört auch im Garten dazu. Gebrannte Erde kann sowohl als Quartier für Pflanzen, als auch für Vögel dienen. Tontöpfe lassen sich ganz einfach umfunktionieren. Mit einer Lochsäge, die es als Vorsatzgerät für die Bohrmaschine gibt, ist im Nu eine kreisrunde Öffnung machbar. Je nach Vogelart und Einschlupfloch wird dazu der passende Bohrkranz eingesetzt. Als Dach dient ein großer, umgedrehter Untersetzer, der auch das Einschlupfloch vor Regen schützt. Ebenso möglich ist die Abdeckung mit einem Brett oder einer passenden Sperrholzplatte oder aber mit einem zweiten größeren Ton-

54   Der Ton macht die Musik; mit etwas Glück trällert ein Singvogel auch aus einem umgebauten Terracotta-Topf.

55   Für etwa DM 5,- ist das Material für eine Tonhöhle zu bekommen; die Lochsäge gehört ohnehin zur Geräteausstattung eines Heimwerkers. Der Bohrkopf für den Ausschnitt kostet ca. DM 15,-.

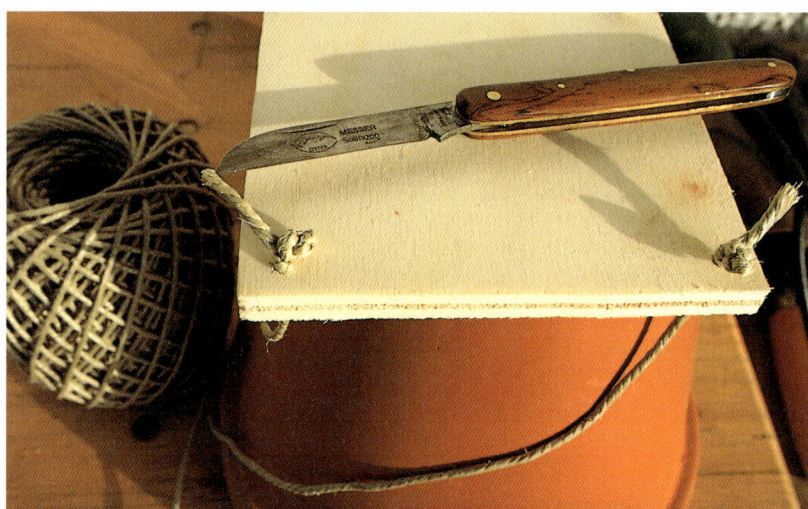

56   Der Topf wird zwischen zwei Brettchen gesetzt. Boden und Deckel geben eine zusätzliche Festigkeit und schützen vor Bruch.

57   Gut eingefädelt! Durch Bohrungen in den Brettchen lassen sich die Schnüre zur Befestigung ziehen.

58   Nachdem der Schraubhaken eingedübelt und die Nisthöhle an einer geschützten Ecke aufgehängt ist, kommen Besucher. Natürlich sind nur im Frühjahr, wenn die Brutzeit beginnt, Vogelpärchen zu erwarten. Hier hat sich ein Blaumeisenpaar eingenistet.

Weitere Nistkästen

topf, der aufgestülpt wird. Das Verbinden geschieht mit Preßschnüren, die unten durch das vorhandene Wasserabzugsloch in den Topfboden geführt und zu einem dicken Knoten verknüpft werden. Oben werden die verteilten Schnüre ebenfalls verknotet und zwar so, daß sie den Deckel fest auf den Topf drücken. An den Schnüren läßt sich die fertige Höhle sogleich in einen Baum hängen und ist sofort bezugsfertig. Statt die Schnüre durch den Topfboden zu führen, können sie aber auch an einem Bodenbrettchen befestigt werden. Natürlich sind auch andere Variationen möglich. Ebenso lassen sich verschieden große Nisthöhlen schaffen, indem andere Topfgrößen gewählt werden. Die zerbrechlichen Tontöpfe bedürfen einer vorsichtigen Behandlung und einer guten Befestigung. Allerdings sind sie stabil genug und vor allem auch wetterfest.

59 Für Vogelhäuser gibt es keine Bauvorschriften. Dennoch müssen sie natürlich sicher, dicht und ausreichend haltbar sein. Diese "Lehmhütte" aus einem Tontopf und einem Untersetzer wurde mit Schnüren verzurrt.

60 Wer die Wahl hat... Jede Nisthöhle wird von den Interessenten genau inspiziert. Diese hier hat sich neben einer Einfahrt als ungünstig plaziert und zu klein erwiesen. Bauen Sie also lieber etwas größer.

Kunststoff

Wie Tontöpfe lassen sich auch Kunststoffgefäße zu Nisthöhlen umfunktionieren. Allerdings sind diese Behälter nicht luftdurchlässig, was sich ungünstig auf das Klima im Nistraum auswirkt. Versuche haben gezeigt, daß Vögel lieber andere Brutstätten wie etwa Holzkästen aufsuchen.

Holzbeton

Holzbeton ist ein Gemisch aus etwa 80 Prozent Holzspänen und 20 Prozent Beton (aus feinem Kies, Zement und Wasser). Das frische Material ist eine zähe, formbare Masse, die sich in vorgefertigte Formen gießen läßt. Nach etwa 48 Stunden härtet das Material aus und ist dann äußerst fest und wetterbeständig. Zur Herstellung sind passende Schalungen nötig, die sich beispielsweise aus Holz oder Kunststoffkübeln basteln lassen. Sie sollten so konstruiert sein, daß sie nach dem Aushärten abgenommen und wieder verwendet werden können. Allerdings lohnt sich die Anfertigung solcher Formen nur, wenn in Serie produziert wird. Immerhin läßt sich statt einer Form genauso ein kompletter Holzkasten oder eine Bruthöhle aus Tontöpfen basteln.

61   Wer nicht unbedingt eigene Experimente machen möchte, ist mit fertigen Nisthöhlen für bestimmte Arten und den dazugehörigen Anleitungen gut bedient.

62 Bei dieser frei schwingenden Höhle für Nischenbrüter haben Räuber kaum eine Chance.

63 Vor Übergriffen durch Katzen oder Marder schützen recht zuverlässig solche Drahtspiralen. Die Vögel stört der Vorbau nicht.

Greifvogelhorste

Anders als Kleinvögel, die in jedem Garten ein ausreichendes Revier finden, brauchen Greifvögel wie Eulen ein umfangreiches Areal. Immerhin leben sie ja nicht von Insekten, sondern von Mäusen und anderen Nagetieren. Es lohnt sich also kaum, etwa Eulenkästen in gewöhnlichen Hausgärten einzurichten, es sei denn hinsichtlich grenzüberschreitender Ausflugmöglichkeiten und umliegender Nahrungsreviere etwa in ländlichen Regionen oder an Waldrändern. Nisthöhlen für diese nachtaktiven Flieger müssen groß genug und in ausreichender Höhe angebracht sein.

Maße für Vogelnistkästen

Vogelart	Befestigung (Höhe m)	Fluglochdurchmesser	Maß (innen) cm	Brutbeginn Monat
Blaumeise	1,5 - 4	26-28 mm	14 x 14 x 25	April
Haussperling	1,5 - 3,5	32-34 mm	14 x 14 x 25	April
Kleiber	1,5 - 3,5	32-47 mm	14 x 14 x 25	April
Kohlmeise	1,5 - 4	32-34 mm	14 x 14 x 25	April
Rauchschwalbe	2 - 4	Stützbrett	12 x 12	Mai
Rotschwanz	1,5 - 3,5	50 mm	14 x 14 x 25	Mai
Star	3 - 10	45-50 mm	16 x 16 x 32	April

Weitere Nistkästen

64 Hier haben sich Hornissen in einen Vogelkasten einquartiert. Das Kunstwerk kann im Herbst ausgeräumt werden, zumal Hornissen nur ein Jahr leben. Nur die Königin überwintert und bebrütet im nächsten Jahr ein neues Nest an anderer Stelle.

65 Klappen zum Öffnen sind nötig, damit die alten Nester ausgeräumt werden können. Während der Brutzeit ist das Öffnen selbstverständlich unerwünscht.

66 Wenn die Altvögel sterben, bedeutet das auch den Tod der jungen Vögel. Sie müssen mit dem Nest entnommen werden.

Was man beachten sollte

Bewegliche Klappen

Obwohl etwa Stare ihre Behausung selber sauber halten und das alte Nest im Frühjahr nach der Rückkehr aus dem Süden Stück für Stück durch das Schlupfloch räumen, sollten Nistkästen zu öffnen sein. Manche Vögel nehmen nur saubere Kästen an. Vor der Brutzeit oder besser noch nach der Saison, im Herbst, sollten die alten Nester entfernt und die Briträume gereinigt werden. Sonst nisten sich leicht Milben, Wespen oder Hornissen ein. Immerhin nutzen Spatzen, Meisen und andere Standvögel die leeren Kästen gerne als Nachtquartiere. Zum Öffnen kann ein bewegliches Dach dienen, das an Scharnieren befestigt ist oder auch eine abnehmbare oder aufklappbare Frontseite, die mit einem Haken verriegelt wird. Ein sicherer Verschluß ist jedenfalls wichtig. Sonst haben auch Marder oder andere Räuber Zugang und Zugriff auf die Brut.

Montage

Nistkästen sollten so befestigt sein, daß sie zwar für die Bewohner leicht zu erreichen, aber für Feinde und Störenfriede unzugänglich sind. Am besten sitzen oder hängen sie hoch genug an Wänden oder Bäumen, und zwar im Regenschatten oder nach Süden oder Osten ausgerichtet. Die »Wetterseite« sollte jedenfalls abgewandt oder verdeckt sein. Die Befestigung ist an Gebäudewänden mit Schrauben oder auch mittels Haken und festem, verzinktem oder kunststoffummanteltem Draht oder strammen Stricken möglich. Obwohl die federleichten Vögel keine Belastung darstellen, müssen die Kästen sicher verankert sein. Immerhin können sonst Stürme durchaus gefährlich werden. Beim Aufhängen in Baumkronen ist noch mehr auf einen festen Halt zu achten. Anders als die Gebäude bewegen sich die Äste im Wind. Das Schaukeln stört die Vögel aber kaum. Immerhin müssen sie es auch in natürlichen Höhlen oder Baumnestern dulden. Dennoch gehören die Kästen nicht an exponierte Stellen, sondern an sichere Plätze in Stammnähe oder an dicken Ästen. Dabei darf das Gehölz natürlich nicht beschädigt werden. Einschnürungen durch zu strenge Stricke oder Drähte sind jedenfalls zu vermeiden. Gegen Scheuerwunden und Rindenabschürfungen helfen Gartenschlauchstücke, mit denen die Drähte oder Schnüre ummantelt werden.

Achten Sie beim Verteilen auf einen langfristig passenden Sitz. Schließlich sollen die Kästen öfter als Brutplätze dienen. Wenn die Vögel gestört werden, verlassen sie eventuell ihre Nester. Bedenken Sie also, daß sich die Umgebung wandelt. Während etwa im Spätwinter beim Anbringen Ruhe im Garten herrscht, kann zur Brutzeit im Sommer reges Treiben sein. Keinesfalls gehören Nistkästen neben Spielplätze oder an Aufenthaltsorte im Grünen. Selbstverständlich dürfen insbesondere Jungvögel keiner Gefahr durch Autos ausgesetzt sein. Neben einer Straße kann der erste Ausflug zum lebensbedrohlichen Abenteuer werden.

Die Höhe der Befestigung richtet sich wieder nach der Vogelart. Während etwa Amseln oder Spatzen vorzugsweise in Bodennähe brüten, nehmen Stare nur überragende Nistplätze an. Ideal ist die Montage von Starenkästen an hohen Gebäuden oder auch mittels Stangen an Gartenschuppen oder hohen Baumstämmen. Die Stangen müssen natürlich stabil genug und sicher sein. Zum Festnageln haben sich Aluminiumnägel besser bewährt als etwa verzinkte Stahlnägel. Sie bewirken keine Schäden am Holz der Bäume. Ungeeignet sind Kupfernägel oder Messingschrauben. Sie reagieren mit dem Pflanzensaft und geben schädliche Metalloxide ab.

65

66

Was man beachten sollte **47**

67 Die Sommerfrische im Garten bekommt den Käfigvögeln gut. Sie brauchen dazu eine passende Voliere, die hier in Eigenregie entstand.

Vogelhaus für drinnen und draußen

Exotische Vögel sind beliebte Haustiere. Leider müssen sie oft in sehr engen Käfigen hausen. Gegen die Haltung von Käfigtieren spricht viel, insbesondere gegen die Haltung von Vögeln. Sie sind für die Luft geschaffen und wollen - natürlich mit Ausnahme der Laufvögel - frei fliegen. Wenn schon, sollte man den Tieren mehr Platz gönnen, in einer angemessenen Voliere sind sie viel munterer.

Nur Züchtungen für Käfighaltung

Bevor Sie Vögel anschaffen und einsperren, ist zu bedenken, ob Sie ihnen auf Dauer ein gutes Leben bieten können. Und dazu sind Grundkenntnisse nötig und eine artgerechte Behausung. Grundsätzlich lassen sich nur Zuchtvögel im Käfig halten. Wildvögel verkümmern. Wenn schon Vogelhaltung, dann nur mit Wellensittichen, Kanarienvögeln und anderen Züchtungen, die ein Leben in Gefangenschaft ertragen und die bereits an die Käfighaltung gewöhnt sind.

Wohnraumverbesserung

Unsere Bauanleitung für eine Voliere ist nicht als Ermunterung zum Kauf von Vögeln gedacht, sondern soll vielmehr dazu anregen, bereits vorhandenen Käfigtieren ein besseres Quartier zu schaffen – und dies im Vergleich zu handelsüblichen Käfigen gut und preiswert. Die Größe einer Voliere richtet sich natürlich nach der Art der Tiere und nach der Anzahl; je größer, um so besser, wobei nicht die Höhe, sondern die Grundfläche entscheidend ist. Der Käfig sollte jedenfalls so beschaffen sein, daß die Tiere darin fliegen können. Zudem sind Rückzugsmöglichkeiten wichtig, damit sich die Tiere nicht ständig »auf der Pelle« sitzen. Gut verteilte Sitzstangen aus Riffelhölzern (Dübelstäbe) laden zum Rasten ein und hindern nicht beim Flug. Sie sind griffig und im übrigen viel billiger als spezielle Sitzstäbe vom Fachhandel! Ein Teil der Voliere sollte überdacht sein, damit die Tiere bei Regen Unterschlupf finden.

Bauanleitung

Grundfläche: 160 x 80 cm
Firsthöhe: 190 cm (je nach Standort)
Preise:
	Gitter	DM 120,-
	Holz	DM 50,-
	Bodenplatte	DM 80,-
	Dachblech	DM 40,-
	Kleinteile	ca. DM 50,-
	insg.	ca. DM 340,-

68

69

70

68   Die gehobelten Latten auf Maß zuschneiden.

69   Falls nötig, eine passende Unterlage schaffen und die Holzteile mit Schraubzwingen verbinden.

70   Die Holzdübel nach dem Bohren in die Dübellöcher schlagen und beide Seitenteile montieren.

71   Die Dachsparren werden durch ein Konstruktionsbrett stabil.

71

Vogelhaus für drinnen und draußen

72

73

74

72 Die Querstreben zur Verbindung der fertigen Seitenteile werden zweimal gebohrt.

73 Mittels Hilfsstiften lassen sich die Bohrstellen für das Gegenstück genau übertragen.

74 Dazu setzt man das Holzteil auf und drückt es fest, so daß die Dübelstifte die Bohrstellen markieren.

52   Den Vögeln ein Zuhause

75 Jetzt läßt sich die zweite Seitenwand auflegen, um die Bohrstellen für die Dübel gleichermaßen zu markieren.

Vogelhaus für drinnen und draußen

76 Zur Stabilisierung des Rahmens und für die Fensterklappen empfiehlt es sich, zusätzliche Streben einzusetzen. Sie werden ebenso gedübelt.

77 Eine Dachhälfte wird mit Brettern gedeckt.

78 Das Gitter von der Rolle läßt sich mit einer Drahtzange auf Maß zuschneiden.

79 Das zugeschnittene Gitter nun auf den Rahmen aufziehen und genau anlegen.

Vogelhaus für drinnen und draußen

80

81

82

83

84

80 Beim Befestigen das Gitter glatt an den Rahmen pressen, damit es nicht wellig wird.

81 Die Fensterklappen zum Füttern werden aus Brettern gebastelt; dazu Öffnungen markieren und mit der Stichsäge ausschneiden.

82 Mittels Scharnieren lassen sich die Fensterklappen leicht öffnen und schließen.

83 Der Holzrahmen, der auf der Bodenplatte befestigt wird, dient als Halterung für den Käfig.

84 Rollen machen die Voliere fahrbar.

Vogelhaus für drinnen und draußen

Holz ist ein idealer natürlicher Baustoff. Für eine kleine Voliere genügen Konstruktionshölzer mit einem Querschnitt von fünf mal fünf Zentimeter (sog. 5er-Kanthölzer). Verbunden werden die zugeschnittenen Holzbauteile mit Holzdübeln von der Stange (hier: 14-Millimeter-Riffelstäben). Als Gitter bietet sich verzinktes Maschendrahtgewebe mit zehn Millimeter Maschengröße von der Rolle an (Preis pro Quadratmeter ca. DM 10,–). Zum Befestigen gibt es Drahtkrampen (1,6 x 16 mm). Der Käfig sollte zugänglich sein. Dazu wird eine Türe eingebaut. Zudem sind Klappen oder Schieber für die Fütterung empfehlenswert. Der Boden muß wasserfest sein, vor allem, wenn die Voliere gelegentlich draußen steht. Eine Anhänger-Bauplatte ist hierfür - auch wegen ihrer Stabilität - besonders gut geeignet. Der Boden wird mit Rollen versehen, dann läßt sich die Voliere einfach umstellen oder etwa vom Wintergarten auf die Terrasse schieben. Die Vögel nehmen die neue Behausung nach kurzer Begutachtung gerne an. Und sie fühlen sich nach wenigen Tagen sichtlich wohler als in ihrem vorherigen kleineren Domizil.

85   Ein Blech auf dem Dach schützt die Bretter vor Regen.

86 Schon bald nach dem Umquartieren fühlen sich die Vögel sichtlich wohl.

Vogelhaus für drinnen und draußen

Nachtaktive Nützlinge

87 Zwergfledermäuse siedeln sich nur im Garten an, wenn sie außer geeigneten Quartieren auch genügend Futter, etwa an einer großen Wasserstelle, und ausreichende Flugräume vorfinden.

Fledermäuse

Diese in Schauermärchen als Vampire verschrieenen Tiere sind völlig harmlos und fangen abends fleißig Insekten. Dazu brauchen sie allerdings ein ausreichendes Revier und eine freie Flugbahn. Gerade diese Voraussetzungen finden Fledermäuse immer weniger vor, weshalb einige Arten vom Aussterben bedroht sind. Es ist also wichtig, ihnen neue Quartiere anzubieten. Jedoch ist Geduld erforderlich – Fledermäuse sind sehr standorttreu – und die Bedingungen für den optimalen Lebensraum müssen gegeben sein.

Der Lebenszyklus dieser Säugetiere ist eng verbunden mit ihren Wohnstätten. Im Winter bevorzugen sie Baumhöhlen oder Vogelnistkästen, aber auch Felsenkeller und Höhlen. Während der Fortpflanzungszeit bilden die einheimischen Fledermäuse sogenannte Wochenstuben. Diese besonderen Tagesquartiere befinden sich vorwiegend in großräumigen Dachböden. In den Sommermonaten suchen viele Arten Schutz vor heißer Sonne in Schatten spendenden Tagesquartieren. Abendsegler, Großes Mausohr und Braunes Langohr verkriechen sich in Mauerspalten oder hinter Fensterläden oder Verschlägen. Speziell gefertigte Fledermausquartiere, die sich aus Holz fertigen lassen, sorgen für eine ideale Unterkunft. Natürlich muß diese Behausung vor Feinden geschützt und am besten im Halbschatten an einer kühlen Mauerwand (in mindestens fünf Metern Höhe) plaziert werden. Achten Sie darauf, ein möglichst ruhiges Plätzchen auszuwählen, und daß auch nachts keine Irritationen, wie sie etwa durch Straßenlaternen hervorgerufen werden könnten, auftreten. Außerdem ist eine Wasserstelle wichtig; denn nur sie garantiert die nötige Vielzahl von Insekten, die Fledermäuse zur Nahrung brauchen.

88 Unbewohnte Dachstühle oder Nebengebäude dienen den Mausohren gerne als Tagesquartiere.

Fledermauskasten

Einzelteile und Maße (Brettstärke 20 mm):
A Dach   300 x 100 mm
B Leiste   210 x 20 mm
C Rückwand   400 x 250 mm
D 2 Seitenwände   à 40 x 20 x 330 mm
E Vorderwand   330 x 250 mm

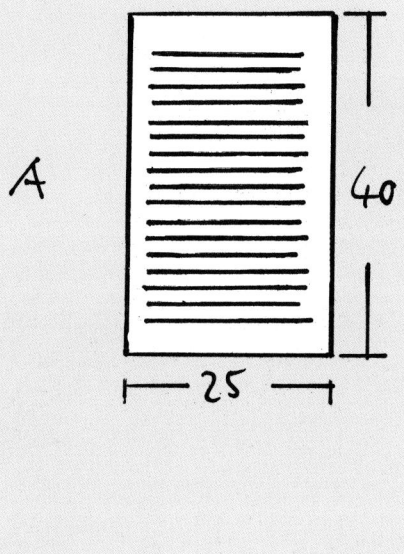
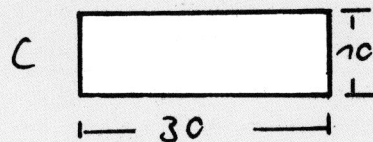
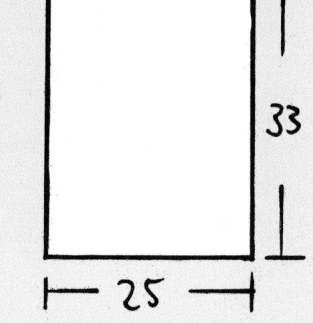
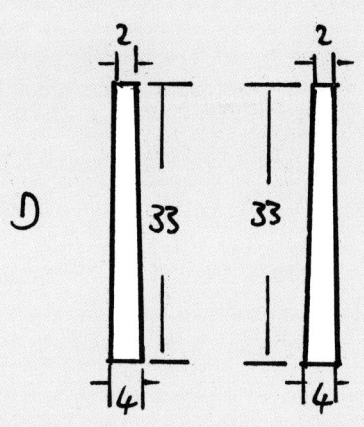

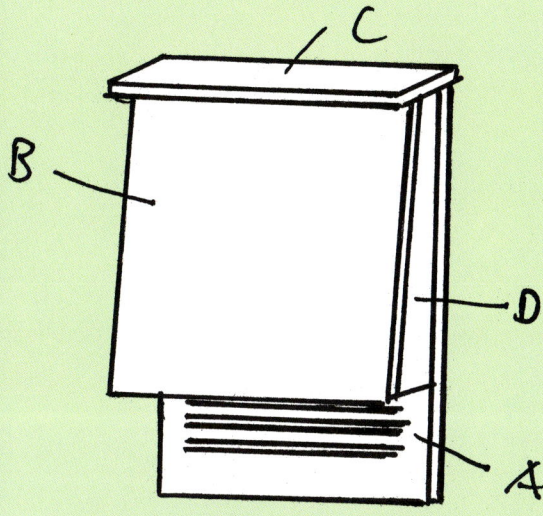

90 Dieser Fledermauskasten ist unten offen; er bedarf keiner Reinigung. Die kleinen Säuger können sich an der geriffelten Holzeinlage festhalten.

89 Als Basis für den Kasten dient ein geriffeltes Brett. Die Nuten zum Festklammern werden mit der Kreissäge oder einer Oberfräse ins Holz geschnitten. Genausogut ist aber auch ein Brett mit aufgenagelten Holzleisten geeignet. Auf diesem Grundbrett werden die Seitenwände befestigt. Darauf kommt die Frontplatte. Das Dachbrettchen sollte schräg montiert werden, damit das Regenwasser abläuft.

Fledermäuse **63**

91 Als Ersatz für fehlende Naturhöhlen oder unbewohnte Dachstühle können auch spezielle Nistkästen für Fledermäuse an Bäumen befestigt werden.

92 Das dichte Zusammenrücken der Fledermäuse macht Sinn: Sie wärmen sich und ihren Nachwuchs; hier zu beobachten bei Wasserfledermäusen.

Igel

Wer Igel im Garten hat, weiß diese Stacheltiere zu schätzen. Sie helfen mit, Schnecken zu vernichten. Selbstverständlich dürfen sie dabei nicht durch giftige Schneckenköder beeinträchtigt werden. Leider bleiben viele dieser Nützlinge bei ihren nächtlichen Exkursionen auf der Strecke, zumal sie sich einrollen, wenn sie Gefahr wittern. An stark befahrenen Straßen sollten deshalb keine Igel angesiedelt werden. Wenn sie dennoch von selbst kommen, empfiehlt es sich, Barrieren zu schaffen oder die Tiere in abgelegene Gartenbereiche zu lenken. Das gelingt natürlich nicht leicht. Immerhin folgen die Tiere ihrem Instinkt und wandern weiter, wenn sie kein Futter mehr finden oder wenn keine Unterschlupfmöglichkeiten vorhanden sind.

Laubhaufen, Totholzhaufen und andere lockere Schüttungen bieten sich bestens als Ruheplätze an. Besonders für den Winterschlaf brauchen Igel sichere und frostfreie Quartiere. Andernfalls überleben sie strenge Frostperioden nicht. Natürlich darf es ihnen nicht am Futter mangeln. Wie überall im Garten gilt, ohne »Schädlinge« gibt es auch keine »Nützlinge«.

93 Der kleine Kerl übersteht den Winter sicher nicht ohne Hilfe; er bekommt ein Übergangsquartier und reichlich Futter. Zudem wird er von Schädlingen befreit.

94 Sobald er genügend Fettreserven angefuttert hat, darf der Igel in den Garten.

95 Ein üppiger Laubhaufen stört in Randzonen nicht und gibt dem Igel Schutz vor Winterkälte und Nässe.

66 Nachtaktive Nützlinge

96 Wie geschaffen für den Winterschlaf ist eine Igelhöhle; ob sie aufgesucht wird, ist allerdings nicht sicher.

97 Ein Totholzhaufen kann Leben retten. Unter dem Geäst verbergen sich gerne Igel oder andere Tiere.

Igel

Insektennisthöhlen

98 Solche Niststeine kann man kaufen; genausogut sind einfache Ziegel mit Hohlkammern.

Es scheint widersprüchlich, einerseits Vögel anzusiedeln, damit sie Insekten vertilgen, und andererseits für Insekten Nistplätze zu schaffen. Es hat sich jedoch gezeigt, daß die Vögel vorzugsweise ausgewählte Insekten, wie etwa Blattläuse und Schmetterlingsraupen, verzehren. Bienen, Hummeln oder Schwebfliegen und deren Brut greifen sie normalerweise nicht an - es sei denn bestimmte Arten, wie etwa Bienenfresser, die auch Honigbienen nicht verschmähen, die aber ohnehin in Südeuropa und Afrika heimisch sind und nicht im Garten siedeln. Dennoch sind natürlich auch die »lieben« Meisen echte Raubvögel. Immerhin verzehren sie etliche Larven und Läuse.

Der Sinn und Nutzen der Nisthilfen im Garten ist deshalb auch durchaus widersprüchlich. Eine sichere Methode, etwa durch die Ansiedlung eines Meisenpaares einer Blattlauskolonie in einem Apfelbaum Herr zu werden, gibt es ohnehin nicht. Im Garten ist ein gezielter Einsatz von Nützlingen gegen bestimmte Schädlinge immer ein Experiment. Es wirken sich zu viele Einflüsse wie das Wetter, andere Tiere oder der Eigensinn der Nützlinge auf diese Art der natürlichen »Schädlingsbekämpfung« aus. Das soll aber niemanden davon abhalten, Nisthilfen zu schaffen. Immerhin lassen sich damit durchaus bestimmte Tiere wie Singvögel, Eidechsen oder Igel sowie Wildbienen, Hummeln oder Schwebfliegen in den Garten locken. Vor allem aber tragen Nisthilfen zur Verbesserung des gesamten Gartenbiotops bei.

Eine gezielte Auswahl bleibt jedem Garten- und Naturfreund selbst überlassen. Ebensowenig wie Zimmervogelzüchter Katzen ins Haus holen, werden sich südländische Imker um die Ansiedlung von Bienenfressern bemühen. Keine Bedenken gibt es normalerweise aber gegen Marienkäfer, Wildbienen, Hummeln, Schwebfliegen, Florfliegen und andere nützliche Insekten, deren Vermehrung mit Hilfe einfacher Behausungen möglich ist.

99

100

Nisthölzchen und Niststeine

Ebensowenig wie Vögel die Hilfe des Menschen dringend brauchen, aber durchaus gerne annehmen, sind auch Insekten nicht unbedingt auf Unterstützung angewiesen, aber damit doch zu gewinnen. Die Ansiedlung von Nützlingen ist natürlich nicht uneigennützig, sondern stets auch zugunsten der Tierfreunde. Sei es durch die Erquickung mit Gesang, durch die Mithilfe beim Pflanzenschutz oder aber durch die Bestäubung der Blüten und damit die Verbesserung der Erträge. Hierzu tragen Insekten und zwar verschiedene Hautflügler wie Bienen, Hummeln und Schwebfliegen ganz wesentlich bei. Ohne diese Nektarsammler gäbe es praktisch kein Kernobst (oder nur von wenigen selbstfruchtbaren Arten). Um so mehr lohnt sich die Ansiedlung im Garten, zumal diese Tierchen - anders als etwa Wespen oder Hornissen - kaum eine Gefahr darstellen. Stiche durch Wildbienen oder Hummeln sind selten und wirklich Unglücksfälle wie etwa ein Tritt mit bloßen Füßen auf eine kleesammelnde Hummel im Rasen. Im wesentlichen übernehmen die Honigbienen die Bestäubung der Blüten. Deren Ansiedlung und Verbreitung ist wiederum die Sache der Imker. Die Bienenzucht ist eine eigene Kultur und zu umfangreich, um hier beschrieben zu werden. Wer sich näher damit befassen möchte, findet eine Reihe spezieller Bücher oder bekommt auch Anleitungen bei Bienenzuchtvereinen.

101

101 Damit die Nisthilfen keinen Schaden an den Bäumen verursachen, müssen sie richtig befestigt sein; solche strengen Drähte schnüren die Rinde ein und töten den Ast ab.

102 Ein Gartenschlauchstück bewahrt die Rinde vor Verletzungen; das gilt übrigens auch für Nistkästen.

102

99 Schön sind die Plastikröhren nicht, aber wasserdicht und stoßfest; in den hohlen Hölzchen siedeln sich auch Wildbienen an.

100 Ein gutes Zeichen dafür, daß die Nisthölzchen bebrütet wurden, sind die deutlich sichtbaren Wachsverschlüsse.

Nisthölzchen und Niststeine **71**

103 Gut Holz! So ein aufgebohrter Block nimmt jede Menge Eier auf, woraus sich Larven und – wieder – Wildbienen entwickeln.

Im Zusammenhang mit diesem Buch kommen nur Wildbienen vor, die keine besondere Pflege brauchen. Sie fliegen frei umher und lassen sich auch im Garten nieder, wenn sie etwas zu trinken finden. Gelegentlich nehmen sie sogar Nisthilfen an. Am einfachsten sind Bündel mit hohlen, holzigen Halmen etwa vom Gartenbambus oder Schilfrohr, die im Garten verteilt werden. Ebenso lassen sich leere Blechdosen oder Kunststoffrohre mit solchen Nisthölzchen füllen. Es dauert zwar einige Zeit, bis die Röhrchen bebrütet werden. Dann aber sind diese künstlichen Brutstätten ein wirksamer Ersatz für fehlende Höhlen etwa in morschen Baumstämmen und dergleichen. Eine Versiegelung mit Wachs ist jedenfalls ein eindeutiger Hinweis auf Nachwuchs. Gerne nehmen Hautflügler auch Ziegel als Brutstätten an. Das können fertige Gitterziegel sein oder Vollziegel, in welche kleine, tiefe Löcher gebohrt werden. Ebensogut eignen sich Rundhölzer oder Holzklötze, die mittels Bohrer tiefe Löcher bekommen. Wer sich die Mühe machen möchte, kann auch eine Nistwand für Insekten bauen. Dazu dient ein Lattengerüst oder ein engmaschiges Holzzaunelement, das mit Lehm verschmiert wird. Zum Schutz vor Regen bekommt diese Nistwand ein Bretter- oder Ziegeldach.

Natürlich kommen Wildbienen, Schlupfwespen, Florfliegen und dergleichen nur, wenn ihnen die Umgebung paßt. Vor allem brauchen sie eine Fülle an Blütenpflanzen, insbesondere solche Arten, die reichlich Nektar spenden. Günstig ist ein Flor, der vom Frühjahr bis zum Herbst dauert. Auch hier macht sich ein Artenreichtum im Garten zum Wohl der Tiere bemerkbar. Dazu gehören Wildsträucher, Stauden, Sommerblumen und andere.

104 Keinen Käfig, sondern eher ein Freigehege für Hautflügler stellt diese Kiste dar.

Nisthölzchen und Niststeine

105   Wer sich die Mühe machen möchte, kann den Insekten auch ein eigenes »Hochhaus« zur Verfügung stellen.

106   Zunächst wird ein Flechtwerk gefertigt und überdacht. Die beiden Flanken bekommen dann einen Lehmverputz. Zusätzlich können Gitterziegel eingesetzt werden.

Hummelkasten

Anders als Wildbienen, Florfliegen und ähnliche wohnen Hummeln je nach Art über der Erde, etwa in Baumhöhlen (Baumhummeln) oder Steinhaufen (Steinhummeln), oder aber im Boden (Erdhummeln). Wenn sie günstige Bedingungen im Garten vorfinden, siedeln sich Hummelköniginnen selbst im Garten an. Dazu brauchen sie je nach Art alte Baumstämme oder Stümpfe, Steinhaufen oder Holzhaufen sowie eine Fülle an Futterpflanzen. Die einfachste Methode, Hummeln in den Garten zu holen, ist deshalb ein gewisses Maß an »Unordentlichkeit«. Ein ungenutzter Holzstapel oder ein Bruchsteinhaufen bieten beste Bedingungen. Wenn dazu noch Salbei, Katzenminze, Lavendel und andere Lippenblütler wachsen, dauert es nicht lange, bis sich Hummeln einfinden und Nachwuchs bringen. Wer will, kann die Ansiedlung auch gezielt durch solche Brutstätten und Futterpflanzen fördern. Gerne werden auch systematisch aufgeschichtete Steingärten aufgesucht, die Hohlräume bieten. Im Handel sind zudem spezielle Hummelnistkästen erhältlich, die sich auch nachbauen lassen. Ob sie bebrütet werden, ist jedoch nie ganz sicher - wie übrigens bei allen Brutstätten, die für Nützlinge geschaffen werden.

107 Hummelkästen gibt es mit Brut zu kaufen. Kostenlos läßt sich so eine Höhle einrichten, der Blumentopf wird lediglich im Boden versenkt.

Steingarten

108 Hier wurde eine Trockenmauer zum Abfangen eines flachen Hangs angelegt. Sie nimmt etliche Kräuterpflanzen auf.

Ein Steingarten ist ein willkommenes Gestaltungselement in jedem Garten und ein wertvolles Revier für viele Nützlinge, wie etwa Eidechsen, Wildbienen und Hummeln. Sei es nun ein umfangreiches Alpinum in einer großen Anlage oder nur ein kleines Gebilde in einer Schale am Balkon oder aber eine Trockenmauer zum Stützen eines Hanges. Die »Baustoffe« Gestein, Erde und Pflanzen passen gut zusammen und lassen sich vielfältig arrangieren. Der Aufbau macht zwar etwas Mühe, doch braucht der fertige Steingarten recht wenig Pflege. Im wesentlichen müssen nur störende Pflanzen, die sich selbst ansiedeln, immer wieder gejätet werden, damit die erhaltenswerte Vegetation ungehindert wachsen kann.

Das Material ist so vielfältig wie die Gestaltungsmöglichkeiten. Es gibt Kalkgestein, Granit, Schiefer, Sandstein und viele andere Arten und davon viele Formen, so etwa große Quader, flache Platten oder geschliffene Kiesel. Das Gestein sollte möglichst aus der näheren Umgebung stammen, weil regionale Baustoffe am besten in den Garten passen und zudem einfacher zu beschaffen sind. Der Transport des ohnehin schweren Materials über weite Strecken ist nicht nur aus ökologischen Gründen bedenklich. Oft gibt es einen Steinbruch oder ein Schotterwerk in der Region, wo das Baumaterial günstig zu bekommen ist (mit Lieferung kostet eine Tonne Gestein etwa zwischen DM 30,– und 100,– ab Steinbruch, je nach Art und Form). Die relativ kleinen Mengen, die für einen Steingarten gebraucht werden, »fallen nicht ins Gewicht«, wenn man vergleicht, wie viele Tonnen beispielsweise für den Straßenbau oder die Zementherstellung aus dem Berg gesprengt werden. Selbst in Regionen ohne Steinbruch ist die Anlage eines Steingartens durchaus machbar. Statt der Bruchsteine eignen sich auch Ziegel für den Auf-

109

110

109 Lippenblütler, die vorzüglich auf Trockenmauern gedeihen, sind wie geschaffen für Hummeln und andere Hautflügler.

110 Die Steinschichten bietet zudem Nischen zum Verkriechen; Eidechsen finden sich mit der Zeit von selbst in solchen Anlagen ein.

Allgemeines **77**

111 Diese Trockenmauer wurde für Kräuter und zur Einrahmung eines Teiches angelegt. Hier finden viele Hautflügler, was sie brauchen.

bau oder Steine von einem Gebäudeabriß, die sonst entsorgt werden müßten.

Ein Steingarten bietet mit seinen Nischen und Furchen zahlreichen Tieren Unterschlupf und Wurzelraum für besondere Pflanzen. Eidechsen kommen oft von selbst und sonnen sich im Sommer gerne auf den warmen Steinen. Wildbienen und Schmetterlinge fliegen zum Nektarsaugen an. Immerhin blühen schon im Spätwinter die ersten Polsterstauden und danach verschiedene andere Nektarquellen auf, insbesondere Kräuter und Duftsträucher, wie der Sommerflieder, die Bartblume oder der Wilde Dost. Natürlich ist der Steingarten auch ein idealer Lebensraum für seltene alpine Pflanzen. Enziane, Küchenschellen und Katzenpfötchen benötigen solche Plätze zum Gedeihen. Selbstverständlich stammen die Jungpflanzen nicht aus der Natur, sondern aus eigener Anzucht oder aus einer Staudengärtnerei, zumal vorkultivierte Topfpflanzen zügig anwachsen - im Gegensatz zu ausgegrabenen Wildpflanzen, die selten einwurzeln und bald verkümmern. Damit das Wesentliche erhalten und sichtbar bleibt, ist die Pflanzenauswahl natürlich begrenzt und vor allem auf kleinwüchsige Arten beschränkt, die das Gestein nicht überwuchern.

In der Natur sind »Steingärten« meistens großräumig, wie etwa die Schotterhalden in den Alpen, die Kalkfelsen an der Altmühl oder die Kiesbänke an den Flußoberläufen. Oft sind sie auch Veränderungen unterworfen; Lawinen oder Hochwasser schaffen ständig neue Landschaften. Wo sie beständig sind, bieten sie natürlich einen besonderen Lebensraum für Tiere und Pflanzen. Solche Steinlandschaften sind kaum mit Steingärten im Garten vergleichbar. Dennoch kann man nach der Natur bauen und die Landschaften oder Teilstücke davon in den Garten übertragen.

Anregungen kann man sich auch in parkähnlichen, öffentlichen Steingärten holen. Als besonders gelungene Beispiele sei hier verwiesen auf den Alpengarten am Schachen, das Alpinum im Botanischen Garten München, die Steingartenanlage im Botanischen Garten Erlangen sowie den Alpengarten in Gardone am Gardasee.

112 Ein großzügiges Schotterbeet kommt den Geröllhalden im Gebirge gleich; es gewährt Unterschlupf und erspart zudem Pflege.

Allgemeines

Planung und Gestaltung

Tatsächlich könnte man einfach einen Haufen Steine in den Garten kippen und warten, was daraus wird. Der Wind weht Erde und Pflanzensamen an, und bald grünt und blüht es. Allerdings sind die meisten Gärten zu klein für solche »wilden« Steingärten und außerdem haben Sie gewiß eigene Vorstellungen und Wünsche, die Sie in die Tat umsetzen möchten. Das kann beispielsweise ein kleines Alpinum mit Bach sein, eine Trockenmauer am Hang oder ein Steingarten mit speziellen Pflanzen. Gewöhnlich richtet sich die Art und Form des Steingartens nach dem Grundstück beziehungsweise nach der vorhandenen Fläche. Die Anlage ist jederzeit – also gleich bei der Gartenneugestaltung oder auch nachträglich – möglich. Ein exakter Plan ist gewöhnlich unnötig, zumal es sich nicht um ein Bauprojekt handelt. Anders als etwa ein Plattenweg, der ein Fundament braucht, oder ein Gartenteich, der einen soliden Unterbau erfordert, läßt sich ein Steingarten recht frei anlegen. Allerdings sind gewisse statische Richtlinien und Grundlagen bei der Gesteinswahl, beim Aufbau und der Bepflanzung zu beachten. Schließlich soll ja ein schönes und langlebiges Gestaltungselement geschaffen werden. Nachträgliche Änderungen sind kaum oder nur mit Mühe möglich. Bevor also die Steinlieferung kommt, müssen die Lage, die Form und die Größe ungefähr festgelegt sein. Eine Südlage ist günstig, zumal die meisten Steingartenpflanzen viel Licht brauchen. Die Form wird am besten dem verfügbaren Gelände angepaßt; ebenso die Größe und die Höhe der Anlage.

113 Lose Lesehaufen liegen nicht lange allein; sie werden bald von Königskerzen und anderen Wildstauden sowie von allerlei Getier besiedelt.

114 Steinreich - solche Inseln im Garten dienen als Rückzugsgebiete für Tiere und können nebenbei nützliche Gestaltungselemente sein, so etwa Grenzbefestigungen zwischen verschiedenen Bereichen.

Planung und Gestaltung

115 Das Aufschichten einer Trockenmauer ist zwar schwer, aber nicht schwierig; die Steine müssen schon an der Basis fest sitzen und gut verkeilt sein.

116 Auf einer guten Grundlage bereitet der weitere Aufbau keine Probleme; in die Fugen kommt kein Mörtel, sondern Gartenerde.

117 Je nach Bepflanzung entwickelt sich ein mehr oder weniger üppiger Grünstreifen; hier wurden vorzugsweise Kräuter eingesetzt.

Zunächst wird der Boden vorbereitet. Dazu steckt man die Grundfläche ab und hebt die lockere Mutterbodenschicht aus. Die Aushuberde wird beim Aufbau wieder gebraucht und einstweilen in der Nähe gelagert. Auf dem gewachsenen beziehungsweise festen Untergrund läßt sich nun die erste Steinreihe setzen. Sie faßt die gesamte Grundfläche ein. In dieses Bett kommt nun bis zur Oberkante der Steine Erde. Die Erde wird festgetreten und verdichtet, damit sie später nicht mehr zusammensackt. Jetzt läßt sich der Steingarten auf der unteren Steinlage weiter aufbauen. Dazu setzt man Stein für Stein auf die untere Steinlage und zwar so, daß sie nach innen versetzt zum Teil auf der Erdschüttung liegen. Die Oberfläche jedes Steines soll leicht schräg nach innen geneigt sein, damit sich Nischen zur Bepflanzung bilden und die Erde nicht ausgewaschen wird. Zwischen den Steinen bleiben Lücken, die sogleich mit Erde gefüllt und bepflanzt werden. Je nach Bepflanzung ist dazu ein spezielles Substrat nötig. Alpenrosen (z.B. *Rhododendron hirsutum*) und andere Moorbeetpflanzen brauchen saure Erde. Den meisten Pflanzen genügt aber gute Gartenerde, so etwa den Latschen (Zwergkiefern), Zwergweiden, Seidelbast-Arten, Polsterphlox, Blaukissen, Hauswurzen und vielen anderen. Bei der Pflanzenauswahl ist eine gute Beratung mit Pflanz- und Pflegeanleitung empfehlenswert, vor allem bei besonderen Arten. Übrigens ist diesbezüglich auch die Gesteinsart zu beachten. Kalkgestein reagiert beispielsweise alkalisch, das heißt, auf Kalkstein gedeihen nur kalkverträgliche Pflanzen. Das Gros der Steingartenpflanzen ist jedoch recht tolerant und wächst auf jedem Gestein beziehungsweise in guter Erde zwischen den Steinen. Eine universelle Erde für die meisten Gehölze, Stauden und Gräser ist eine Mischung aus je ein Drittel lehmiger Gartenerde, Sand und Kompost. Für besondere Pflanzen mischt man je nach Art ein eigenes Substrat.

Auf die zweite Steinlage wird nun weiter aufgebaut, bis die gewünschte Höhe erreicht ist. Dabei lassen sich kantige Steine einfacher zu einem stabilen Verband aufschichten als runde. Aber selbst mit großen Kieseln läßt sich ein Steingarten bauen, wenn sie sorgfältig gelegt und richtig verkeilt werden, bis sie fest sitzen. Dies ist im übrigen bei allen Steinen wichtig, ebenso wie das lückenlose Verfüllen mit Erde. Jeder Stein muß gedreht und gewendet werden, bis er richtig fest sitzt. Hohlräume sind mit Erde zu verfüllen. Richtig fest wird der Aufbau aber erst, wenn die Gehölze und Stauden gut eingewurzelt sind. Ein konischer Aufbau ist grundsätzlich bei jedem Steingarten-Typ wichtig (ein Schotter- oder Kiesbeet ausgenommen). Die Flanken müssen sich also nach oben verjüngen, damit die Steine fest sitzen und nicht abrutschen. Je größer ein Steingarten gebaut und je besser er modelliert wird, um so attraktiver ist er, zumal er Pflanzflächen für viele verschiedene Gehölze und Stauden bietet und eventuell auch für einen kleinen Teich oder Bach mit Wasserfall geeignet ist.

118 Eine Trockenmauer paßt besonders gut an einen Hang. Der Steinwall stützt und schafft ein ebenes Plateau. Hier werden Kalksteine verbaut.

119 Den Tieren kommen die Fugen gerade recht. Hier können sich Hummeln oder auch Eidechsen ungestört aufhalten. Mit der Zeit breiten sich Pflanzen aus.

120 Auch den Kräutern bekommt die vollsonnige Lage sichtlich gut. Hier bildet der Wermut einen kräftigen Busch.

121 Wem es gefällt, der kann die Pflanzen ungehindert wachsen lassen. Sie nehmen dann rasch von der ganzen Mauer Besitz und verbergen sie unter einem farbenprächtigen Mantel.

Pflege

Außer der Bewässerung nach dem Pflanzen und dem gelegentlichen Jäten braucht ein Steingarten keine besondere Pflege. Falls nötig sind nach Jahren allzu wüchsige Pflanzen zu reduzieren, wenn sie schwächere Arten bedrängen. Selbstverständlich sind auch Nachpflanzungen möglich, so etwa, wenn einige Arten schlecht wachsen oder wenn neue Arten dazukommen sollen.

122   Eine kleine Kräuterschnecke nimmt eine Menge verschiedener Pflanzen auf. Genauso wirkungsvoll ist jedoch auch ein einfacher Steingarten oder eine Trockenmauer, wenn entsprechend mit Erde verfugt und bepflanzt wird.

123 Im Sommer nach der Bepflanzung haben die Kräuter den kleinen Steinaufbau bereits in Besitz genommen.

Pflanzen für den Steingarten

Gehölze, die von Natur aus besonders gut in Steingärten gedeihen, sind: Zirbelkiefern, Säulenwacholder, Felsenmispeln, Felsenbirnen (*Amelanchier ovalis*), Bergkiefern (insbesondere Zwergformen), Zwergweiden, Alpenrosen, Seidelbast, Salbei, Lavendel und andere; natürlich beschränkt man sich auf einige Arten, je nach Größe des Steingartens und verfügbarem Platz.

Von den ausdauernden Stauden bieten sich an: Polsterphlox, Blaukissen, Steinkraut, Mauerpfeffer, Hauswurz, Enzian, Küchenschelle, Primeln, Alpenmohn, Mannsschild, Nelken, Christrose, Akelei, Steinbrech, Silberdistel, Glockenblumen und weitere; Stauden wirken in kleinen Gruppen am besten. Sie sind ausdauernd und breiten sich zunehmend aus.

Das gilt auch für Gräser (z.B. Blaukissen, Bärenfellgras, Perlgras) und für Wildzwiebelblumen, wie etwa Blausternchen, Wildtulpen, Traubenhyazinthen, Herbstzeitlose, Schneeglöckchen, Märzenbecher, Krokusse, Zwergiris und andere. Sie vermehren sich, wenn sie ungestört blühen, abblühen und einziehen dürfen.

125 Silberdisteln stehen unter Naturschutz. Das Ausgraben ist verboten! Sie sind aber als Jungpflanzen in Staudengärtnereien zu bekommen.

124 Der Salbei lädt vor allem Hummeln zum Nektartrinken ein. Der immergrüne Strauch ist recht robust und ausdauernd.

Feuchtbiotop für Tiere

126 Ein solcher Folienteich, beinahe ein natürliches Gewässer, bietet den Tieren jedoch zugleich Baumaterial.

Für Tiere ist Wasser genauso wichtig wie für uns Menschen. Eine oder besser mehrere Wasserstellen begünstigen die Ansiedlung von Vögeln, Insekten und anderen Nützlingen wesentlich. Brütende Vögel zum Beispiel brauchen nur kurze Flugstrecken zur Versorgung ihrer Jungtiere zurückzulegen. Das erleichtert ihnen natürlich die mühsame Brutpflege. Wenn ein natürliches Gewässer in der Nähe liegt, können sie stets aus dem Vollen schöpfen. Wenn nicht, helfen künstliche Gewässer wie Gartenteiche, Brunnen oder Vogeltränken. Ein Teich bietet zudem andere Vorteile. Hier finden die Tiere neben dem nötigen Trinkwasser unter anderem auch Baumaterial zum Auspolstern der Nester wie etwa Gräser und flaumige Wasserpflanzen. Außerdem lädt die Wasserstelle zum Baden ein.

Folienteich

Die Gartengestaltung wird »vom gerade herrschenden Geschmack« beeinflußt. Eine Zeitlang waren Nadelbäume modern – zu Ungunsten der Obstbäume, die in Mengen gefällt wurden. Jetzt ist es gerade umgekehrt, so daß viele Nadelbäume den Obstbäumen weichen müssen. Beim Teichbau gibt es diesen Wandel zum Glück nicht. Der Trend zu Wasser im Garten hält an. Die Entwicklung einer speziellen Kunststoffolie macht es möglich oder, besser gesagt, verschiedene Folienarten. Der Teichbau mit Folie ist wohl die einfachste und effektivste Art der Teichgestaltung, zumal Hartkunststoffbecken teuer und ziemlich schwierig einzusetzen sind. Zudem geben sie strenge Formen vor. Hinzu kommt, daß Folie genauso haltbar ist wie Polyester, wenn sie richtig verlegt und geschützt wird. Vor allem aber erfordert der Teichbau mit Folie kein besonderes Geschick.

127 Es dauert nur wenige Monate, bis die wüchsigen Wasserpflanzen einen künstlichen Teich dicht begrünt haben. Die Wasserstelle ist ein Lebensraum für viele Tiere.

128 Das ausgekofferte Teichbett gibt die spätere Form des Wassergartens vor. Die Folie liegt am besten auf einem Sanduntergrund.

Er ist jedem möglich. Allerdings sollte man einiges beachten, damit aus dem Stück Folie ein schöner haltbarer Teich wird.

Beste Lage

Grundsätzlich läßt sich ein Teich an jedem Ort anlegen. Allerdings gibt es Einschränkungen. Auf felsigem Gelände lohnt sich der Teichbau kaum oder er macht große Mühe. Ebensowenig wird man einen Teich neben einer öffentlichen Straße plazieren, wenn keine Eingrenzung vorhanden ist. Das wäre viel zu gefährlich, zumal Wasser auf Kinder wirkt wie ein Magnet. Auch in eine versteckte Gartenecke wird kaum jemand einen Teich bauen, es sei denn, aus rein ökologischen Gründen. Am besten paßt ein Gartenteich an eine übersichtliche Stelle in den Wohngarten und zwar an eine Randlage im Rasen, so daß er zum Teil mit Pflanzen eingefaßt, aber dennoch zugänglich und gut zu sehen ist. Eine sonnige Lage ist günstig, weil die Wasserpflanzen optimal mit Licht versorgt werden, aber nicht nötig, denn auch im Halbschatten oder im Schatten gedeiht der Wassergarten, wenn er richtig begrünt wird. Algenprobleme kommen weniger durch das Licht als durch die Ausstattung, insbesondere durch das Einfüllen von nährstoffreicher Erde. Wer langjährig etwas von der Wasserfläche haben möchte, sollte ohnehin auf wüchsige Wasserpflanzen verzichten. Eine Seerose in einem Korb und ein paar ausgewählte Ufer- und Schwimmpflanzen genügen. Andernfalls wächst der Teich in wenigen Jahren völlig zu. Bei einer Lage unter Bäumen sollte das Laub im Herbst aufgefangen oder abgefischt werden. Sonst kommt mit der Zeit eine Faulschlammschicht zusammen, die das Wasservolumen vermindert und durch den hohen Nährstoffgehalt den Algenwuchs fördert. Bei

129 Das Wasser preßt die spezielle Teichfolie fest ins Bett. Zum Fluten kann eigenes Wasser, etwa aus einem Brunnen, in den Teich gepumpt werden.

130 Flache Uferzonen machen den Ausbau mit Kieseln möglich. Die Folie verschwindet völlig unter diesem Naturgestein. Es bietet später Teichtierchen Unterschlupfmöglichkeiten.

Folienteich

131 Wenn eine freie, großzügige Wasserfläche gewünscht wird, dürfen nur wenige ausgewählte Pflanzen eingesetzt werden. Sonst wuchert der Teich bald zu.

132 Betreten verboten! Unter der Eisfläche ruhen die Tiere. Erschütterungen sind selbstverständlich störend. Sonst schadet eine geschlossene Eisdecke nicht. Immerhin ist im Wasser genügend Sauerstoff gelöst.

einer Lage unter Bäumen ist allerdings deren Wurzelwerk zu beachten. Jedenfalls ist ein ausreichender Abstand nötig, um beim Erdaushub nicht unnötig Wurzeln zu verletzen. Der Abstand zum Haus kann beliebig gewählt werden. Ein Teich paßt sowohl abseits etwa neben eine gemütliche Sitzgruppe oder auch direkt an die Terrasse. Störende Stechmücken kommen meistens nicht vom Teich, weil sie hier viele Feinde haben, sondern aus Pfützen oder Wasserbecken. Wenn doch Stechmückenlarven im Wasser zu sehen sind, genügt der Einsatz weniger Fische. Zwei Goldfische beispielsweise vertilgen die Larven in wenigen Tagen. Auch sonst stören einige Fische im Teich nicht. Sie brauchen keine Pflege und können auch im Winter im Wasser bleiben, wenn der Teich eine frostfreie Tiefstelle hat.

Zur Grundstücksgrenze ist in der Regel kein besonderer Abstand nötig. Allerdings muß rundherum die Pflege möglich sein. Ein Teich ist im übrigen genehmigungsfrei. Natürlich darf den Anliegern kein Schaden entstehen. Quakende Frösche müssen zwar geduldet werden, dennoch wird man im Sinne des nachbarschaftlichen Friedens besser keine Frösche einsetzen, wenn sie eventuell stören sollten. Darüber kann man sprechen, zumal das Quaken oft nicht als störend empfunden wird und nur auf eine kurze Zeit im Jahr beschränkt ist. Je weiter der Abstand zu den Wohngebäuden ist, um so weniger wird das Quaken stören.

Je größer, um so besser

Je größer der Garten ist, um so mehr Möglichkeiten der Teichgestaltung gibt es. Allerdings lassen selbst kleine Gärten den Teichbau zu. Jedes Wasserbecken hat seinen Wert und niemand muß darauf verzichten. Allerdings kann es manchmal sinnvoll sein, mit dem Teichbau abzuwarten, beispielsweise bis die Kinder älter und nicht mehr gefährdet sind oder bis die Kosten für die nötigen Haus- und Gartenanlagen verkraftet sind und wieder mehr »Spielraum« für eine großzügige Teichanlage vorhanden ist.

133   Ein einziger Seerosenstock wuchert einen Teich in wenigen Jahren zu. Die Pflanzen lassen sich aber im Herbst leicht teilen und verkleinern - falls erforderlich.

134 Posthornschnecken (*Planobarius corneus*) tauchen normalerweise nicht gerne auf. Zum »Fototermin« mußten sie aber an die Oberfläche.

135 Die kleine Süßwasserturmschnecke (*Potamopyrgus*) stammt ursprünglich angeblich aus Neuseeland. Auch sie grast Algenrasen ab.

Planung

Sobald die Entscheidung für einen Gartenteich getroffen und der beste Platz gewählt ist, können die Größe und die Form festgelegt werden. Grundsätzlich läßt sich ein Folienteich beliebig groß anlegen, zumal die Folie auf Bestellung in jeder Größe geliefert wird. Natürlich ist die Fläche im Garten eingeschränkt. Dennoch sollte der Teich so groß wie möglich geschaffen werden - wenn schon, denn schon. Je größer ein Teich ist, um so besser wirkt er und um so stabiler ist sein ökologisches Gleichgewicht, zumal er sich in verschiedene Zonen einteilen läßt und reichlich Raum für viele Lebewesen bietet. Es gibt keine strengen Regeln, aber gewisse Richtlinien haben sich durchaus bewährt. So sollte eine Tiefwasserzone mit mindestens 80 Zentimeter bestehen, die auch bei strengem Frost eisfrei bleibt und den Teichtieren das Abtauchen ermöglicht. Die tiefe Stelle erfordert eine Mindestbreite von einigen Metern, zumal Steilwände zu vermeiden sind. Die Form kann rund, oval oder geschwungen sein. Die elastische Folie macht beliebige Formen möglich. Eine einfache, großzügige Gestaltung wirkt meistens am besten. Dagegen kann das Profil durchaus vielfältig abgestuft werden. Solche Plateaus sind günstige Standplätze für Pflanzen und Ruhezonen für die Teichtiere. Allerdings dürfen nur einige ausgewählte Wasserpflanzen in den Teich, denn die meisten Arten sind Wucherer. Wer auch nach Jahren noch eine freie Wasserfläche haben möchte beschränkt sich auf einzelne Arten, die in Töpfen eingesetzt werden, so daß sie nicht aus können. Andernfalls ist der Teich schon in wenigen Jahren zugewachsen. Eine Seerose im Tiefwasser und einige Wasserschwertlilien, Froschlöffel und Sumpfdotterblumen in den flachen Zonen, sowie freischwimmende Krebsscheren genügen. Außerhalb der Wasserfläche läßt sich der Teich jedoch schon üppig begrünen, vorzugsweise mit Gräsern und Stauden. Sie werden ans Ufer gepflanzt und bleiben durch die Teichfolie ausgegrenzt. Die Tiere kommen übrigens von selbst oder sie werden mit den Wasserpflanzen eingesetzt, so etwa Libellen, die oft schon während des Teichbaus ihr neues Revier in der Luft »abgrenzen« oder Wasserschnecken, die in Blattpflanzen versteckt sind. Beide Arten sind erwünscht, weil die Libellen Schädlinge fangen und die Wasserschnecken Algen verzehren.

Materialkauf

PE-Folie hat sich bestens bewährt. Sie ist chlorfrei (Polyethylen) und ebenso haltbar wie die früher gebräuchliche PVC-Folie. Eine ein Millimeter dicke PE-Teichfolie ist ideal, weil ausreichend reißfest und doch sehr elastisch (Preis pro Quadratmeter etwa DM 10,–). Allerdings ist Qualitätsware mit Gütesiegel und Haltbarkeitsgarantie zu empfehlen. Vor allem aber sollte die Folie am Stück gekauft werden. Eigene Schweißnähte sind stets Schwachstellen. Auf Bestellung bekommt man die Teichfolie in jeder beliebigen Größe. Bis etwa vier Meter Breite ist die Teichfolie auch von der Rolle in Baumärkten oder Gartencentern erhältlich. Mittlerweile werden auch braune Folien angeboten. Die Farbe ist allerdings unbedeutend, denn die Folie wird ohnehin mit Kies kaschiert.

Kaufen Sie die Teichfolie auf keinen Fall zu klein, denn das Anstückeln lohnt sich nicht und schadet der Haltbarkeit. Am besten besorgt man die Folie erst dann, wenn das Teichbett fertig ausgekoffert ist.

Außer der Folie ist ein Teichvlies nötig. Auf diesem weißen Acrylgewebe liegt die Folie weich und ist vor spitzen Gegenständen geschützt. Das Vlies wird dort ausgebreitet, wo der Sand nicht liegenbleibt, also besonders an den steileren Randzonen. Es kostet etwa halb so viel wie Teichfolie.

Der Sand zum Auspolstern und der Kies zum Kaschieren der Folie wird auf Bestellung geliefert (siehe Telefonbranchenbuch: Sand und Kies). Ein Kubikmeter Rollkies hat einen Preis von etwa DM 20,– zuzüglich Lieferung. Der Sand (gewöhnlicher Bausand) ist etwas teurer. Die Lieferung per LKW kostet je nach Entfernung zirka DM 100,–. Ein gewöhnlicher Kipper kann vier bis sechs Kubikmeter laden. Es lohnt sich also, reichlich zu bestellen, zumal der Baustoff selbst keine hohen Kosten verursacht. Der Kies macht den Teich aber erst richtig schön und er schützt die teure Folie.

136 Teichfolien aus Polyethylen (PE) sind auf jeden Fall den giftigen PVC-Folien vorzuziehen!

137

137 Ein kleiner Bagger, den es zu mieten gibt, erleichtert die Erdarbeiten wesentlich.

138 Auch in diesem Folienteich machen sich die flachen Böschungen beim Ausbau günstig bemerkbar; der Rollkies bleibt liegen, was das Auskleiden der Folie erleichtert.

Bauanleitung

Der Teichbau beginnt mit dem Erdaushub. Wer sich die mühevolle Arbeit erleichtern will, kann den groben Aushub mit einem Minibagger erledigen (kann ausgeliehen werden). Dazu wird das gewünschte Teichbett etwa mit Sand markiert oder mit Pflöcken abgesteckt und den Vorstellungen entsprechend ausgebaggert oder ausgegraben. Die Aushuberde läßt sich gut zum Modellieren eines Bachlaufs am Teich gebrauchen oder, wenn kein Hügel gewünscht wird, andernorts im Garten nutzen. Das grob geformte Teichbett wird dann mit dem Spaten nachgeformt, so daß flache Terrassen entstehen. Falls nötig, werden Wurzeln ausgegraben und spitze Steine entfernt.

In das fertige Teichbett kommt nun die Sandschüttung und stellenweise - besonders an den steilen Lagen - wird das Teichvlies ausgelegt. Erst jetzt kann die Teichfolie ausgebreitet werden. Das gelingt am besten mit einigen Helfern, die Folie ist doch ziemlich schwer. Dabei sind selbstverständlich Beschädigungen zu vermeiden. Die Folie muß rundherum über den Rand überstehen, denn der Wasserdruck preßt sie beim Fluten ins Teichbett und zieht die Ränder nach unten. Zunächst kommt die Seerose an ihren Platz. Dann beginnt man mit dem Ausbreiten der Kiesel, und zwar von innen nach außen, und läßt zugleich das Wasser einlaufen. So nimmt der Wassergarten langsam Gestalt an. Sobald der Teich voll ist und an der tiefsten Uferstelle überläuft, wird die Folie hier unterfüllt; jedoch nur, wenn der Wasserstand an anderen Stellen noch zu niedrig ist. Jetzt kann man schon mal die großen, störenden Folienstücke - insbesondere an den Ecken -

138

139 Die Folie verschwindet wieder völlig unter der Kieskaschierung; der fertige Teich erhält noch eine passende Einfassung mit Pflanzen.

abschneiden und den Teich vollenden. Die Folie muß als Saugsperre wirken. Das heißt, die umliegende Erde muß streng vom Wasser getrennt sein. Dazu stellt man den Folienrand auf und schüttet innen und außen Kiesel an. Zugleich wird die Folie bündig zur Wasseroberfläche abgeschnitten, so daß nichts mehr davon zu sehen ist. Abschließend werden noch die Uferpflanzen eingesetzt beziehungsweise rundherum an den Teich gepflanzt. Nach getaner Arbeit ist das Wasser noch trüb. Doch schon in wenigen Tagen sinken die Schwebstoffe zu Boden und nichts mehr trübt das nun klare Wasser.

140

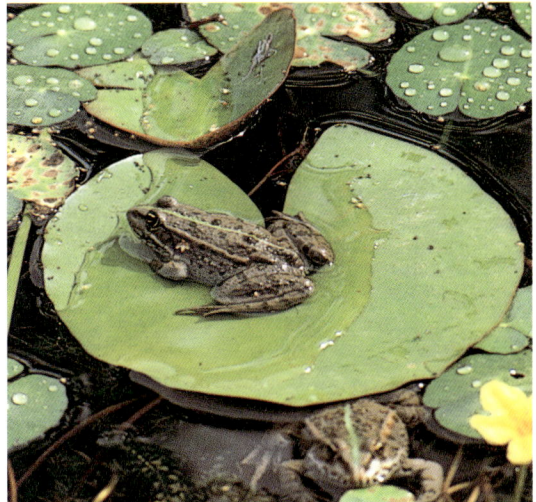

140 Frösche kommen oft von selbst. Ihr Quaken stört, wen(n) es stört, nur kurze Zeit im Jahr.

141 Hier ist nach dem Einwachsen ein richtiger Wassergarten entstanden. In der kleinen Oase tummeln sich unzählige Tiere.

141

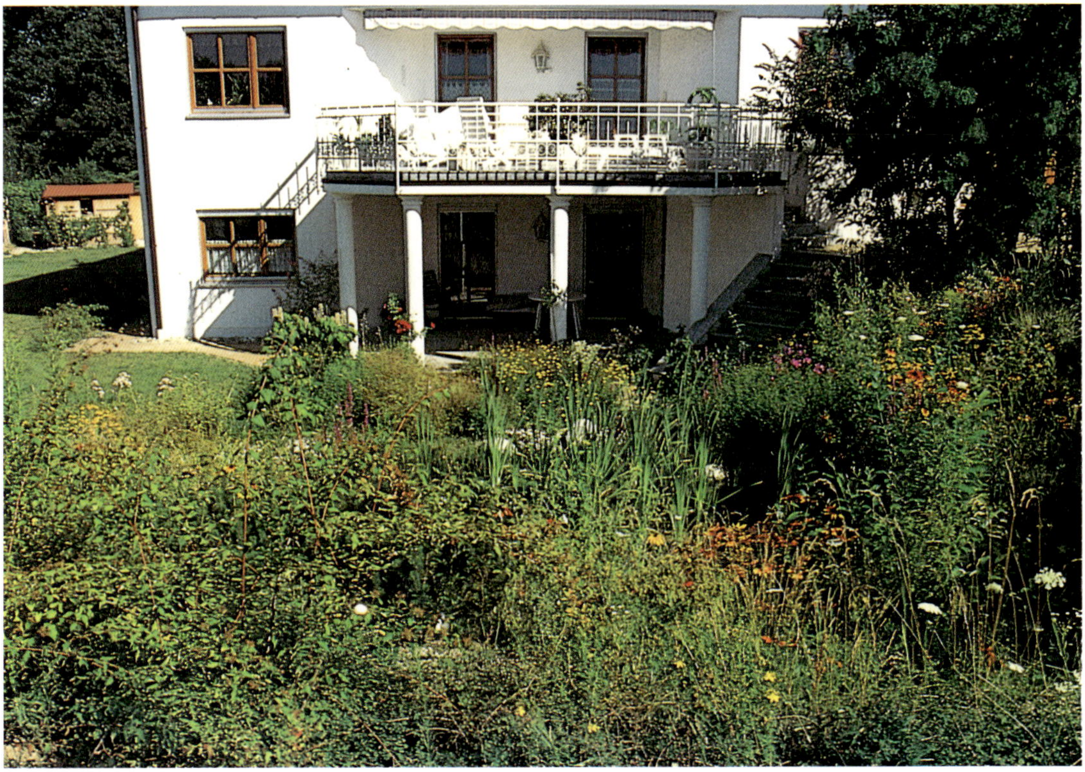

Sicherheit und Teichtechnik

Wasser ist nicht nur ein Lebenselement, sondern auch eine Gefahrenquelle. Wenn kleine Kinder durch einen Teich gefährdet sind, verzichtet man entweder darauf oder baut ihn später. Andernfalls ist eine wirksame Sicherung etwa mit einem festen, dichten Zaun nötig. Keinesfalls sind unsichtbare Gitter zu empfehlen, die unter der Wasseroberfläche liegen. Sie wirken eher wie Fallen als wie Sicherungen. Auf jeden Fall muß das Grundstück auch sicher eingefriedet sein, so daß niemand von draußen Zugang zum Teich hat.

Ein gut und schön gebauter Teich hat keinen technischen »Schnickschnack« nötig. Wasserspiele und Beleuchtungen sind eher störend als nützlich, insbesondere für Pflanzen und Tiere. Ein funktionierender Teich braucht auch keine Filter zur Klärung. Trübe Teiche werden besser neu gestaltet als mit großem technischem Aufwand gereinigt. Allerdings können ein Sprudelstein, ein Bach oder eine Kaskade durchaus belebend wirken. Zu achten ist allerdings darauf, daß das Wasser nicht direkt auf die Pflanzen plätschert, sondern abseits an einer passenden Stelle oder durch ein Nebenbecken in den Teich mündet. Die Pumpe und die Leitungen müssen dann selbstverständlich richtig installiert sein. Auf jeden Fall ist beim Kauf eine fachkundige Beratung erforderlich, damit die Teile gut zusammenpassen und die Anlage sicher und richtig funktioniert.

142   »Lehrreich« - eine Wasserstelle ist ein unwiderstehliches Lehrmittel. Im Naß rührt sich was. Allerdings wirkt es auch auf Kleinkinder wie ein Magnet!

Tiere am und im Teich

Natürlich ist ein Teich Tieren willkommen, entweder als Tränke für Vögel oder als Lebensraum für Lurche und Insekten. Schon beim Teichbau fliegen manchmal die ersten Libellen über das trockene Bett, so als ob sie wüßten, daß ein neues Gewässer entsteht. Vielleicht bleiben sie und vermehren sich. Natürlich ist der Teich den Vögeln willkommen. Er erspart ihnen weite Wege zu einem Fluß oder See. Sie nehmen jeden kleinen Tümpel gerne an. Eine übersichtliche Lage ist günstig, sonst schleichen sich Katzen an, die sich auch bald am Wasser einfinden; nicht nur wegen der Vögel, sondern auch zum Fischefangen. Sogar die Fische kommen manchmal von selbst und zwar aus der Luft, als Laich im Gefieder der Vögel! Wer nicht

143   Leere Libellenlarven - die »Vögel« sind ausgeflogen.

144

144　Ein Frosch in seinem Element; Wasserrosen erhöhen ihm den Spaß beim Baden.

145　Vogeltränken laden gefiederte Gäste zum Trinken und Baden ein.

145

darauf warten will, setzt vorzugsweise Goldfische ein, die sich in jedem Wasserbecken wohlfühlen, wie die rasche Vermehrung zeigt. Fische verhindern allerdings die Entwicklung von Insekten. Das kann gut sein, weil keine Stechmücken aufkommen oder schlecht, weil sie gleichermaßen nützliche Insekten fressen. Ein kleiner Fischbesatz ist akzeptabel. Die Fische kommen völlig ohne Fütterung aus! Der Teich muß jedoch frostsicher sein oder eine frostfreie Tiefstelle haben, wo sie im Winter abtauchen und ruhen können.

Fische und Frösche, die oft zuwandern, stören sich nicht. Günstig ist ein verwachsener unzugänglicher Uferstreifen, wo die Frösche gerne ungestört sonnenbaden und zum Überwintern lockere Erde finden.

Eine gut zugängliche Uferstelle ist auch für Igel und andere Gartengäste wichtig, damit sie das Wasser gefahrlos zum Trinken erreichen.

Zu den kleinen Teichtieren gehören neben Fischen, Lurchen und zahlreichen Insekten auch Wasserschnecken. Sie sind willkommene Algenvertilger. Große Tiere wie etwa Enten oder Gänse verträgt nur ein großer Teich. Sie fressen Pflanzen und verschmutzen das Wasser.

146

147

146 So wird´s was: Frösche lassen sich bei der Paarung Zeit.

147 Libellen gehören zu den schnellsten Fluginsekten; bei der Partnersuche sind aber auch sie nicht in Eile.

Tiere am und im Teich

Kompost – Futter für Bodenlebewesen

148   Unbehandelte Hölzer sind gut für den Bau eines Kompostsilos geeignet. Sie halten recht lange und geben auf keinen Fall giftige Imprägniermittel ab.

Ohne Zweifel zählen Regenwürmer, Asseln und Tausendfüßler zu den wichtigsten Nützlingen. Ohne sie wäre die Verrottung von abgestorbenen Pflanzenteilen unmöglich. Sie verzehren Blätter und andere organische Abfälle und produzieren daraus wertvollen Humus. Durch eine geordnete Kompostierung lassen sich diese und andere Bodenlebewesen vermehren und im Gartenboden ansiedeln.

Die Kompostierung hat ohnehin nur Vorteile. Sie entlastet die Mülltonne, sie entsorgt die Gartenabfälle und sie bringt kostenlos jede Menge guter Erde. Allerdings muß richtig kompostiert werden, damit die Abfälle gleichmäßig verrotten und nicht verfaulen. Die Pflanzenteile und Küchenabfälle verrotten nur, das heißt, sie vererden nur, wenn sie luftig aufgeschichtet und gut vermischt sind. Der Komposthaufen ist keine Abfallhalde, sondern ein recht ordentliches Gebilde aus bestimmten Stoffen, die zur Verrottung geeignet und locker aufgeschichtet sind.

Die vier »W's« des Kompostierens

Was kompostieren?

Wie im Wald sind es vor allem Pflanzenteile, die völlig vererden. Außer Blättern, Gras, kleinen Zweigen, Ernterückständen und was sonst so rund ums Jahr im Garten anfällt - kranke Pflanzenteile ausgenommen - sind auch Küchenabfälle und Pflanzenteile aus dem Haus gut kompostierbar und zwar Kaffee- und Teerückstände, Reste vom Gemüseputzen, faulige Früchte, zerkleinerte Eierschalen, welke Blumen- und Zimmerpflanzen, verunreinigter Vogelsand und dergleichen Abfälle aus Tierkäfigen sowie andere organische Stoffe, aber keine Speisereste (sie locken Ratten an), kein bedrucktes Papier (es gehört in die Papiertonne) und keine Erdnußschalen (sie verrotten nicht). Natürlich lassen sich auch nicht-organische, also mineralische Stoffe wie etwa Kalkreste, Blähton aus der Hydrokultur oder Ziegelsplitt dazugeben; sie lockern das ganze sogar etwas auf.

149 Unter anderen Bodentierchen gehören wohl die Regenwürmer mit zu den wertvollsten Gartenlebewesen.

Wie kompostieren?

Locker muß der Haufen sein, denn die Abfälle verrotten nur, wenn sie Sauerstoff bekommen und Kohlendioxid abgeben können. Andernfalls, das heißt, wenn sie keine Luft bekommen, geht die Rotte in Fäulnis über, zumal auch die wichtigen Bodenlebewesen, die wesentlich am Abbau beteiligt sind, Luft zum Atmen brauchen. Damit die Regenwürmer, Asseln, Tausendfüßler, die sozusagen den Müll essen und als Erde ausscheiden, in den Haufen eindringen können, muß er auf dem Gartenboden aufgesetzt werden. Der Kompostplatz darf also nicht versiegelt sein. Das gilt auch für Silos; sie dürfen keinen geschlossenen Boden haben. Eine Durchmischung der Abfälle ergibt sich gewöhnlich von selbst, zumal nach und nach verschiedene Stoffe auf dem Haufen landen. Grasschnitt oder Blätter sollten, wenn sie in größeren Mengen anfallen, mit anderen Stoffen oder mit einigen Schaufeln Erde vermischt werden. Günstig ist es auch, den Haufen mit reifem Kompost zu »impfen«. Dadurch gelangen nützliche Mikroorganismen hinein.

Wo kompostieren?

Am besten ist ein schattiger, gut zugänglicher Platz nicht zu weit weg vom Haus, der jederzeit erreichbar ist. Der Haufen sollte weder zu groß, noch zu klein sein. Bewährt hat sich bei einem »klassischen«, frei aufgeschichteten Komposthaufen eine Sohlenbreite von etwa 120 Zentimeter und eine ebensolche Höhe. Die Länge läßt sich beliebig gestalten. Ein kleinerer Haufen trocknet leicht aus, ein größerer kann eventuell faulig werden. Das gilt auch für Kompost-Silos. Hier hat sich ein Rauminhalt von etwa einem Kubikmeter bewährt. Im Handel sind auch kleinere Holz-, Gitter- oder Kunststoffkomposter erhältlich, die durchaus gut »funktionieren«. Für eine optimale Kompostierung sind mehrere Haufen oder Silos nötig. Nur so sind ständig Kapazitäten für neue Abfälle frei. Zudem hat man immer reife Komposterde. Bis zur ersten »Ernte« dauert es etwa ein halbes Jahr – bei leicht verrottbaren Abfällen. Für besondere Kompostarten lohnt es sich, eigene Haufen anzulegen oder Silos aufzustellen, so etwa für Lauberde zur Versorgung der Moorbeetpflanzen.

150 So ein geflochtener Weidenkorb ist fast zu schade als Silo; natürlich bietet er beste Bedingungen. Das Flechtwerk ist luftdurchlässig und ausreichend stabil.

Die vier »W's« des Kompostierens

Wohin mit der Erde?

Guter Kompost ist nährstoffreiche, lockere Erde, für die es im Haus und im Garten genügend Verwendung gibt; so etwa zum Umtopfen von Zimmerpflanzen, in einer Mischung aus Kompost und gemahlenem Blähton zur Anzucht von Jungpflanzen oder zur Verbesserung der Gemüsebeete. Spezialkomposte wie etwa Lauberde werden beispielsweise zur Versorgung und Bodenverbesserung von Heidegärten oder Rhododendronbeeten gebraucht. Mit dem Kompost gelangen unzählige Bodenlebewesen in den Garten. Sie tragen weiterhin zum Abbau von Laub und welken Pflanzenteilen bei und verbessern die Humusstruktur des Bodens.

Kompostsilos

In kleinen Gärten können Kompostsilos durchaus ein Ersatz sein für den Komposthaufen. Erhältlich sind Produkte von etwa DM 20,- bis DM 200,-. Ganz einfach sind Komposter auch selbst zu bauen; so etwa aus gebrauchten Paletten oder aus Maschendraht. Bedenklich sind Silos aus imprägniertem Holz, weil die Giftstoffe ausgewaschen werden. Für die Plazierung gilt das gleiche wie für den Haufen, wobei die kompakten Silos mehr Spielraum zulassen. Ein einziges Silo ist jedoch zu wenig, weil schnell gefüllt. Drei Silos oder ein Dreikammernsilo sollten es schon sein, weil dann stets Raum für frische Abfälle da ist, während eine volle Kammer in Ruhe rotten kann und eine Kammer reifen Kompost bevorratet.

151 Die Abfälle müssen luftig aufgeschichtet und gut durchmischt werden.

152 Ein schattiger Platz verbirgt das Silo und verhindert zugleich das Austrocknen. Dieser Komposter aus Maschendraht hat ein reichliches Fassungsvermögen.

Drahtkomposter

153

153 Für ein Silo mit ca. einem Meter Durchmesser ist ein Maschendrahtgewebe mit etwa drei Metern Länge nötig. Erhältlich in Baumärkten und Gartencentern oder bei Zaunbaufirmen.

154

154 Das Silo ist schnell gebaut; nach dem Rundbiegen des Maschendrahtstücks werden die Verbindungsstellen mit Draht verknüpft.

155

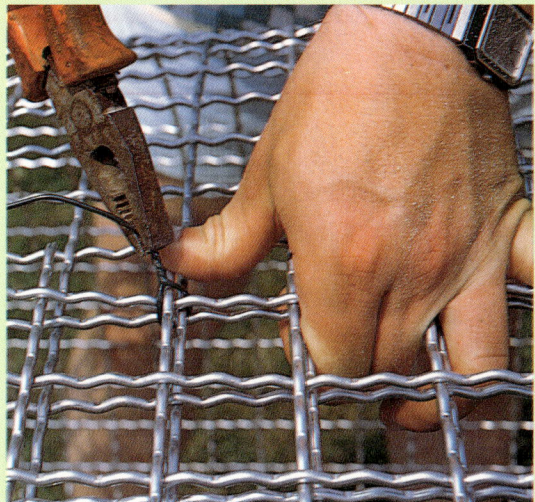

156

157

155   Mit einer Kombizange lassen sich die Drähte richtig festdrehen.

156   Unnötige Verletzungen sind durch das Entgraten der Schnittstellen zu vermeiden.

157   Der verzinkte Metallkomposter ist viele Jahre beständig. Unter Bäumen stört er nicht und ist dennoch gut erreichbar.

Kompostsilos

Beschleuniger und andere Mittel

Kompoststarter, -beschleuniger und andere Mittel sind unnötig. Allerdings können ein paar Schaufeln voll reifen oder angerotteten Komposts die Verrottung von frischen Stoffen durchaus fördern, weil damit Mikroorganismen übertragen werden. Natürlich sind auch Kräuterbrühen wertvoll, weil sie dem Kompost Spurenelemente, Kieselsäure und andere Stoffe zuführen und seinen Zustand stets begünstigen. Mit Kalk, Kalkstickstoff und anderen Düngemitteln ist sparsam zu wirtschaften. Erst wenn der Kompost fertig ist, läßt sich anhand von Proben und Analyseergebnissen erkennen, ob Nährstoffgaben nötig sind. Immerhin enthält reifer Kompost alle Nährstoffe und ist selbst ein Düngemittel, insbesondere, wenn er mit Stallmist angereichert wurde. Ein Mangel an Spurenelementen ist mit Steinmehl auszugleichen. Steinmehlgaben sind übrigens auch empfehlenswert, wenn der Kompost trotz aller eingehaltenen Regeln üble Gerüche verbreitet. Das feine Pulver bindet die Gase.

Fertigprodukte

Der beste Kompost kommt aus dem eigenen Garten, weil man ihn selbst »komponieren« kann. Mangels Masse etwa in jungen Gärten läßt sich der Bedarf etwa für Pflanzungen, für den Gemüseanbau, für Erdmischungen etc. mittels Industrieprodukten decken. Allerdings ist hier Vorsicht geboten, denn manchmal entsorgen die Hersteller auch Müll bei der Kompostierung, so daß Kunststoffreste und andere Schadstoffe in die Erde gelangen. Qualitätsprodukte tragen gewöhnlich seriöse Gütesiegel, wie zum Beispiel das LUFA-Zeichen (Prüfsiegel einer Landwirtschaftlichen Untersuchungs- und Forschungsanstalt). Meistens unterhalten auch die Gartenämter gutgeführte Kompostieranlagen, wo reifer Kompost preiswert zu bekommen ist.

Tip

Der Kompost ist reif, wenn er völlig vererdet ist. Genau läßt sich das mit dem Kressetest prüfen. Dazu wird eine Schale mit Kompost gefüllt und mit Kressesamen bestreut. Wenn die Saat gleichmäßig aufgeht und sich die Jungpflanzen gut entwickeln, ist der Kompost mit Sicherheit fertig.

158 Bodentierchen machen aus Abfällen lebendige Erde.

Dreikammernkomposter

159 Ein selbstgebauter Dreikammernkomposter ist ideal, weil er reichlich Raum bietet. Zunächst wird das Holz zugeschnitten.

160 Als erstes werden die Mittel- und Seitenteile zusammengeschraubt.

161 Bei der Vielzahl von Schrauben lohnt sich der Einsatz eines Akku-Bohrers.

162 Der Komposter nimmt langsam Gestalt an. Längere, durchgehende Latten sorgen für die nötige Stabilität.

163 Mit den beiden Mittelteilen werden die drei Kammern gebildet.

164 Nach der endgültigen Verlattung ist der Dreikammernkomposter einsatzbereit.

Anhang

Vogelnist-/Vogelschutzgehölze (Auswahl)

Laubgehölze

botanischer Name	deutscher Name	Wuchsform
Acer campestre	Feldahorn	Großstrauch, Baum
Acer ginnala	Feuerahorn	Strauch
Acer platanoides ´Globosum`	Kugelahorn	kleiner Baum
Berberis	Berberitzen	dornige Sträucher
Cornus	Hartriegel	Sträucher
Corylus avellana	Hasel	Großstrauch
Cotoneaster	Felsenmispeln	Fruchtsträucher
Crataegus	Weißdorn	kleiner Baum oder Strauch
Euonymus europaeus	Pfaffenhütchen	Strauch
Fallopia aubertii	Schlingknöterich	Kletterpflanze
Hedera helix	Efeu	immergrüne Kletterpflanze
Hippophae rhamnoides	Sanddorn	dorniger Fruchtstrauch
Ligustrum	Liguster	wintergrüner Strauch
Lonicera	Heckenkirsche	Sträucher oder Kletterpflanzen
Malus	Apfel	Bäume

botanischer Name	deutscher Name	Wuchsform
Parthenocissus	Wilder Wein	Kletterpflanzen
Prunus	Kirsche	Bäume, Sträucher
Pyracantha	Feuerdorn	immergrüner Fruchtstrauch
Pyrus	Birne	Bäume
Rhamnus	Faulbaum	Sträucher
Ribes	Johannisbeeren	Fruchtsträucher
Robinia pseudoacacia ´Umbraculifera`	Kugelakazie	kleiner Baum
Rosa	Wildrosen	dornige Sträucher
Sambucus nigra	Holunder	Fruchtstrauch
Sorbus	Eberesche	kleine Bäume
Viburnum	Schneeball	Sträucher

Nadelgehölze

botanischer Name	deutscher Name	Wuchsform
Abies	Tanne	Bäume, Sträucher
Chamaecyparis	Scheinzypresse	Bäume, Sträucher
Juniperus	Wacholder	Sträucher
Picea	Fichte	Bäume, Sträucher
Pinus	Kiefer	Bäume, Sträucher
Taxus	Eibe	Bäume, Sträucher
Thuja	Lebensbaum	Bäume, Sträucher

Bienennährgehölze (Auswahl)

botanischer Name	deutscher Name	Wuchsform
Acer	Ahorn	Bäume, Sträucher
Aesculus	Roßkastanie	Baum
Amelanchier	Felsenbirne	Sträucher
Berberis	Berberitze	Sträucher
Buddleia	Sommerflieder	Sträucher
Calluna	Besenheide	kleine Sträucher
Caryopteris	Bartblume	kleine Sträucher
Cornus mas	Kornelkirsche	Strauch
Corylus avellana	Hasel	Strauch
Crataegus	Weißdorn	kleine Bäume, Sträucher
Erica	Winterheide	kleine Sträucher
Ligustrum	Liguster	Sträucher
Lonicera	Heckenkirsche	Sträucher, Kletterpflanzen
Mahonia	Mahonie	kleine immergrüne Sträucher
Malus	Apfel	Bäume
Parthenocissus	Wilder Wein	Kletterpflanzen
Prunus	Kirsche	Bäume, Sträucher
Pyracantha	Feuerdorn	kleine Sträucher

botanischer Name	deutscher Name	Wuchsform
Pyrus	Birne	Bäume
Rhododendron	Rhododendron	Sträucher
Rhus typhina	Essigbaum	kleiner Baum
Ribes	Johannisbeere	Sträucher
Robinia	Robinien	Bäume
Rosa	Wildrosen	Sträucher
Rubus	Brombeere, Himbeere	Sträucher
Salix	Weiden	Bäume, Sträucher
Sambucus nigra	Holunder	Strauch
Sorbus	Eberesche	Bäume
Syringa	Flieder	Sträucher
Tilia	Linde	Bäume
Viburnum	Schneeball	Sträucher

(jeweils verschiedene Arten und Sorten)

Hilfreiche Adressen

Angegeben sind nur Informations- und Beratungsstellen auf Bundesebene. Hier erfahren Sie die jeweiligen Landesstellen, die Ihnen wiederum meist auch Experten in Ihrer Nähe nennen können. Ebenfalls abfragen können Sie dort auch Informationsstellen zu einzelnen Tierarten wie Igel, Biene oder Fledermaus. Dort wird Ihnen auch bei ganz individuellen Fragen geholfen. Um die einzelnen Mitarbeiter nicht mehr als nötig zu belasten, sollten sie aber nur in dringenden Fällen zu Rate gezogen werden.

Bundesrepublik Deutschland

Bund für Umwelt und Naturschutz
Deutschland e.V. (BUND)
Im Rheingarten 7
53225 Bonn

Bundesamt für Naturschutz
Konstantinstr. 110
53179 Bonn

Bundesministerium für Umwelt
und Reaktorsicherheit
Kennedyallee 5
53175 Bonn

Deutscher Naturschutzring (DNR)
Am Michaelshof 8-10
53177 Bonn

Naturschutzbund Deutschland
Bundesgeschäftsstelle
Herbert-Rabius-Str. 26
53225 Bonn

Österreich

Österreichische Gesellschaft für
Natur und Umweltschutz
Hegelgasse 21
1010 Wien

Österreichischer Naturschutzbund (ÖNB)
Haus der Natur
Museumsplatz 5
5020 Salzburg

Schweiz

Schweizerische Gesellschaft für
Vogelkunde und Vogelschutz
Krähenbergstr. 53
2543 Lengnau

Schweizerischer Bund für Naturschutz (SBN)
Postfach 4020
4052 Basel

Literaturhinweise

Bayerischer Landesverband für
Gartenbau und Landespflege
**Bienen, Hummeln, Wespen
im Garten und in der Landschaft**
(Broschüre)

Bayerischer Landesverband für
Gartenbau und Landespflege
**Schmetterlinge im Garten und
in der Landschaft**
(Broschüre)

Bayerischer Landesverband für
Gartenbau und Landespflege
Vögel im Garten und in der Landschaft
(Broschüre)

Horst Bielfeld
Einheimische Singvögel
Stuttgart, 2. Auflage 1990

Horst Bielfeld
Vogelfutter aus der Natur
Stuttgart 1993

Werner Keil
Artgerechte Niststätte für heimische Vögel
Niedernhausen 1991

Ulrich Klausnitzer
Biotope im Garten
Radebeul 1994

Helmut Snoek
Nützlinge in Garten und Gewächshaus
München 1997

Gunter Steinbach (Hrsg.)
Werkbuch Naturschutz
Stuttgart 1988

Adolf Winkler
Tierschutz im eigenen Garten
Augsburg 1992

Bildnachweis

Alle Bilder stammen vom Autor mit Ausnahme der Abbildungen 87, 88 und 92, die Roland Weid, Grafing, zur Verfügung gestellt hat.

Impressum

© 1997 Verlag Georg D. W. Callwey GmbH & Co., Streitfeldstraße 35, 81673 München

Das Werk einschließlich aller seiner Teile ist urheberrechtlich geschützt. Jede Verwertung außerhalb der engen Grenzen des Urheberrechtsgesetzes ist ohne Zustimmung des Verlages unzulässig und strafbar.
Das gilt insbesondere für Vervielfältigungen, Übersetzungen, Mikroverfilmungen und die Einspeicherung und Verarbeitung in elektronischen Systemen.

Schutzumschlaggestaltung:
HBC-Design, München
Litho: eurochrom 4, Villorba
Druck und Bindung: arti grafiche Saturnia, Roncafort di Trento
ISBN: 3-7667-1288-8
Printed in Italy

Die Deutsche Bibliothek –
CIP-Einheitsaufnahme
Nisthilfen für Tiere im Garten :
Ideen und Bauanleitungen /
Peter Himmelhuber. Biologische
Beratung Wolfgang Grosser. –
München: Callwey, 1997
(Der Profi-Heimwerker)
ISBN 3-7667-1288-8

Alle Anleitungen wurden sorgfältig erprobt – eine Haftung kann dennoch nicht übernommen werden.

Die Bücher.

Siegfried Stein zeigt unaufdringliche wie elegante Abgrenzungsmöglichkeiten zum Nachbargarten, die Selbermacher ganz nach Wunsch gestalten können. Ob nun mit Produkten aus Bau- oder Holzfachmärkten oder individuell geplant: Wind- und sichtgeschützte Sonnenplätze laden zum Urlaub im eigenen Garten ein.

Siegfried Stein
Gartenhäuser, Pergolen, Rankgitter
128 Seiten, 148 Abbildungen und 14 Zeichnungen. Broschiert.

GARTEN-URLAUB

Siegfried Stein
Bachläufe und Badeteiche selber bauen
128 Seiten, 185 Abbildungen und 16 Zeichnungen. Broschiert.

Von der Planung bis zum ersten Sprung ins kühle Naß: Anhand von zahlreichen Plänen und Abbildungen beschreibt Siegfried Stein detailliert wie praxisgerecht Anlage, Bau und Bepflanzung von Schwimmteichen und Bächen und hilft so, Fehler beim Selbstbau zu vermeiden.

CALLWEY VERLAG
MÜNCHEN